Brigitte Stampfer

ORIGINAL ICH

Erfolgreich und zufrieden, ohne sich zu verbiegen

Ich danke folgenden Persönlichkeiten
für ihre offenen und ehrlichen Zitate:

Johannes Gutmann
Sonnentor-Gründer und Unternehmer

Dr. Hans-Georg Häusel
Neuromarketing-Experte und Bestseller-Autor

Univ.-Prof. Mag. Dr. Markus Hengstschläger
Genforscher und Bestseller-Autor

Mag. Aleksandra Izdebska
DiTech-Gründerin und Unternehmerin

Sarah Wiener
TV-Starköchin und Unternehmerin

Heinz Zak
Extremkletterer, Fotograf und Bergführer

Stampfer, Brigitte:
ORIGINAL ICH
Erfolgreich und zufrieden, ohne sich zu verbiegen
ISBN: 978-3-200-02887-6

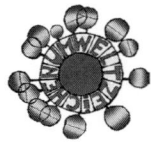

Umweltfreundlich in Österreich gedruckt nach den Auflagen des Österreichischen Umweltzeichens.

Im Sinne einer besseren Lesbarkeit wurde im Text nach Bedarf die feminine oder maskuline Form gewählt. Es werden beide Geschlechter gleichermaßen angesprochen. Danke für Ihr Verständnis.

Lektorat: Mag. Joe Rabl
Layout: Grafikstudio Nordholm
Logo: David Muigg-Spörr

INHALT

ORIGINAL ICH

INDIVIDUALITÄT HAT ZUKUNFT

Kennen Sie Ihre Persönlichkeit, Ihre Talente und Fähigkeiten? Können Sie Ihre Stärken richtig einsetzen und werden Sie dafür auch geschätzt? Sind Sie zufrieden mit Ihrem Leben oder möchten Sie etwas an Ihrer Situation ändern?

Jeder von uns hat eine individuelle Persönlichkeit und einzigartige Talente und wird dadurch zu einem unverwechselbaren Original. Manche von uns sind jedoch erfolgreicher und zufriedener als andere. Hier erfahren Sie, warum.

Erfolgreiche und zufriedene Menschen ...

... kennen ihre Persönlichkeit und ihre Wirkung.
... haben einen echten und authentischen Auftritt.
... wissen, was sie motiviert und was sie bremst.
... setzen ihre individuellen Stärken richtig ein.
... vertrauen sich und ihren eigenen Fähigkeiten.
... wissen, was sie im Leben erreichen möchten.
... haben den Mut, ihre Ideen zu verwirklichen.

Erfolg ist immer ein Resultat aus verschiedenen Faktoren, der wichtigste Faktor sind Sie. Ihre Ziele und Stärken beeinflussen Ihren Weg zum Erfolg. Wann haben Sie das letzte Mal über Ihre Ziele im Leben nachgedacht? Oder nach Ihren Talenten geforscht? In der Schule? In einer Fortbildung? Noch nie? In diesem Fall werden Sie vielleicht überrascht sein, was Sie in diesem Buch noch über sich entdecken können. Sie finden konkrete Anleitungen, wie Sie Ihre Stärken erkennen, richtig einsetzen und präsentieren können. Und Sie erfahren, dass Glück auch Orientierung braucht und Sie sich deshalb über Ihre Ziele im Leben klar werden sollten. Zufrieden werden wir nur dann, wenn wir unsere persönlichen Erfolgsziele erreichen. Nicht andere.

Seit 15 Jahren unterstütze ich Unternehmer, Führungskräfte und Berufseinsteiger in Vorträgen, Lehrgängen und Beratungen auf ihrem Weg zum Erfolg. In diesem Buch finden Sie einen Auszug aus meinem Programm ORIGINAL ICH. Original bedeutet nicht nur einzigartig zu sein, sondern echt. Hier finden Sie Anleitungen, wie Sie erfolgreich und zufrieden werden, ohne sich zu verbiegen:

I wie INDIVIDUELL: Entdecken Sie Ihre Stärken

Sie möchten Ihre Stärken besser erkennen und nutzen? Erfahren Sie mehr über Ihre Persönlichkeit und Ihre Talente und entdecken Sie, was Sie einzigartig macht.

C wie CLEVER: Optimieren Sie Ihren Auftritt

Sie wollen authentisch und echt wahrgenommen werden? Erfahren Sie hier, wie Sie sich und Ihre Marke besser präsentieren können, ohne sich zu verbiegen.

H wie HANDELN: Nutzen Sie Ihre Chancen

Viele Karrieren verlaufen im Sand, weil konkrete Ziele und der Mut zur Umsetzung fehlen. Finden Sie heraus, was Sie glücklich macht und wie Sie das erreichen können.

Wir sind immer dann erfolgreich und zufrieden, wenn wir einen Platz finden, an dem unsere Stärken gebraucht und geschätzt werden. Machen Sie sich auf die Suche nach Ihren Talenten und Fähigkeiten und freuen Sie sich darauf, neue Seiten an sich zu entdecken. Es ist nie zu spät, sich neue Ziele zu setzen und andere Wege einzuschlagen.

Alles Gute auf Ihrem ganz persönlichen Weg zum Erfolg
wünscht Ihnen

Brigitte Stampfer

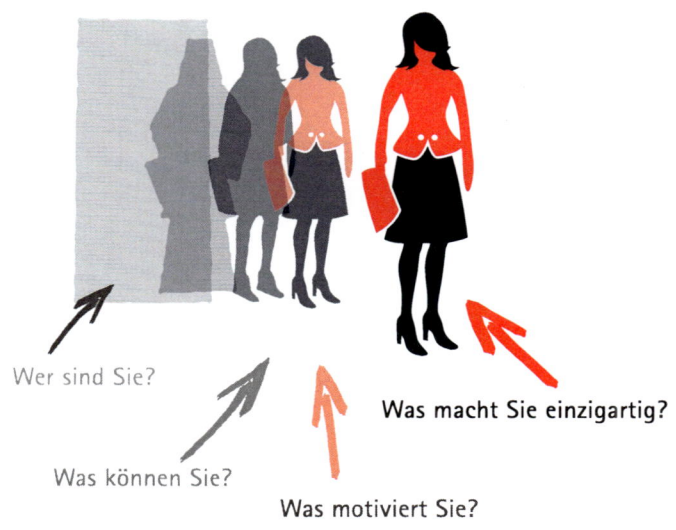

Wer sind Sie?

Was können Sie?

Was motiviert Sie?

Was hindert Sie?

Was macht Sie einzigartig?

INDIVIDUELL

Entdecken Sie Ihre Stärken

Wer sind Sie?
Sie sind das Original

„Das Wertvollste, das wir in der Zukunft haben werden,
ist die Individualität des Einzelnen."
Markus Hengstschläger

Was verstehen wir eigentlich unter einem erfolgreichen Original?
Was zeichnet solche Menschen aus?

Muss man so kreativ kochen können wie Sarah Wiener, um ein erfolgreiches Original zu sein? Oder mit 24 bereits promovierter Genetiker wie Markus Hengstschläger? Vielleicht sollte man wie Johannes Gutmann oder Aleksandra Izdebska erfolgreich ein neues
Unternehmen aufbauen? Oder auf einer Slackline zwischen Berg-
gipfeln balancieren wie Extremkletterer Heinz Zak? Tatsache ist,
dass es keine eindeutigen Kriterien für erfolgreiche Originale gibt.
Es sind ganz einfach Menschen, die mit ihrem ganz persönlichen
Stil ihre Talente und Fähigkeiten bestmöglich einsetzen. Manche
Menschen versuchen ihr Leben lang, diese nachzuahmen, und sind
damit weder erfolgreich noch zufrieden. Kein Wunder: Wer will
schon gerne als Kopie durchs Leben gehen? Sie vielleicht? Das ist
auch gar nicht nötig. Auch Sie haben eine einzigartige Persönlich-
keit und besondere Fähigkeiten und sind damit ein individuelles
Original. Haben Sie schon festgestellt, was alles in Ihnen steckt?
Wie könnte man Sie beschreiben? Was für eine Persönlichkeit sind
Sie? Und wie wirken Sie auf andere?

Einige dieser Fragen versuchen wir in diesem Kapitel zu ergründen.
Mit dem Ergebnis, dass Sie sich zukünftig selbst besser verstehen
werden, dass Sie andere richtig einschätzen lernen und dadurch
auch Ihre Ziele erfolgreicher verfolgen können.

Was ist eigentlich so faszinierend an echten Originalen? Warum hinterlassen sie einen bleibenden Eindruck?

Uns gefällt, dass diese Menschen sehr authentisch ihre Werte und Einstellungen vertreten. Sie müssen sich für ihren Erfolg nicht verbiegen oder andere Menschen kopieren. Sie kommen trotzdem – oder gerade deshalb – so gut bei ihren Mitmenschen an. Als Kinder waren wir alle echt und authentisch. Warum sind wir das als Erwachsene manchmal nicht mehr? Unsere Eltern, Lehrer, Chefs oder Kunden – alle haben bestimmte Erwartungen an uns, die wir meist erfüllen, um in der Gesellschaft akzeptiert zu werden. Schon sehr früh lernen wir deshalb, uns unserem Umfeld anzupassen. Tatsächlich aber wollen wir eigentlich nur so akzeptiert werden, wie wir sind. Mit allen Stärken und Schwächen, Ecken und Kanten. Ein Dilemma? Nein!

Jeder von uns hat seinen Platz in der Gesellschaft. Der eine vertritt ihn laut und fordernd, der andere ruhig und besonnen. Beide können mit ihrer Persönlichkeit erfolgreich sein. Vorausgesetzt, sie wissen, wer sie sind, wie sie auf andere wirken und wie sie ihre Stärken optimal am Markt präsentieren können. Seit vielen Jahren arbeiten verschiedenste Wissenschaftler daran, die Persönlichkeit des Menschen besser zu erforschen: Genetiker, Psychologen, Hirnforscher, Philosophen oder Anthropologen sind nur einige davon.

Sie alle liefern uns täglich neue Erkenntnisse über unsere Persönlichkeit. Das nicht überraschende Ergebnis:

**Jeder Mensch ist einzigartig und unverwechselbar.
Wir sind alle Originale.**

Angeborene Persönlichkeit?

„Ich selbst finde jeden Tag neu heraus, wer ich bin.
Das ist eine Erfahrungs- und Entdeckungsreise."
Sarah Wiener

Wer sind Sie? Warum sind Sie so, wie Sie sind? Was davon ist angeboren und was wurde erst später anerzogen?

Unsere Persönlichkeit ist keine feste Größe. Wir kommen mit bestimmten Eigenschaften zur Welt, das heißt allerdings nicht, dass wir immer so bleiben werden. Im Laufe unseres Lebens lernen wir dazu, werden reifer und hoffentlich auch klüger. Einige genetische Veranlagungen werden konstant gleich bleiben, doch ein großer Teil unserer Persönlichkeit ist veränderlich. Unsere Familien, Lehrer, Partner, Freunde oder Berufskollegen beeinflussen von klein auf unsere Persönlichkeit. Selbst kulturelle Rahmenbedingungen wirken sich auf unsere Entwicklung aus. So werden in manchen Kulturen Bescheidenheit und Folgsamkeit stärker geschätzt als Individualität und Freiheit.

Wie kann man feststellen, welche Persönlichkeit man darstellt? In den vielfach angebotenen Persönlichkeitstests wird das Wesen des Menschen durch sein momentanes Verhalten, seine Werte und Motive oder Gewohnheiten beschrieben. So erhält man eine Information über seine aktuelle Wirkung. Was uns diese Tests jedoch nicht beantworten können, ist folgende Frage:

Wie viel von uns ist Veranlagung und wie viel haben wir erst später dazugelernt oder erworben?

Dazu gibt es keine eindeutigen Antworten. Die meisten Forscher gehen davon aus, dass bestimmte genetische (angeborene) Anlagen einen großen Teil unserer Persönlichkeit (mit-)bestimmen.

Andere sagen, dass Faktoren wie das soziale Umfeld oder kulturelle Rahmenbedingungen uns wesentlich mehr prägen.

Nur ein Beispiel aus der Vielfalt der möglichen Einflüsse: Die Tatsache, ob Sie als Einzelkind oder mit Geschwistern aufgewachsen sind, kann einen starken Einfluss auf Ihre Persönlichkeitsentwicklung haben. Eine der vielen Theorien in der Geschwisterforschung geht davon aus, dass Kinder um die Aufmerksamkeit und Liebe ihrer Eltern konkurrieren. Erstgeborene erhalten im Allgemeinen die Aufmerksamkeit der Eltern, indem sie deren Wertvorstellungen übernehmen. Nachgeborene müssen auf andere Art und Weise versuchen, diese Aufmerksamkeit zu erhalten, und treten deshalb auch anders auf. Mittlere Kinder sind häufig umgänglicher und verhandeln gern. Letztgeborene müssen sich andere Nischen suchen, um wahrgenommen zu werden, und sind deshalb häufig experimentierfreudiger. Diese Theorie ist wie viele andere in der Persönlichkeitsforschung durchaus umstritten, jedoch ein gutes Beispiel dafür, dass unsere Persönlichkeit durch zahlreiche Faktoren beeinflusst werden kann.

Letztendlich kommt es darauf an, dass Sie möglichst viel von Ihren Persönlichkeitseigenschaften annehmen und in Ihrem weiteren Leben weiterentwickeln. Sonst könnte es Ihnen so ergehen, wie es der amerikanische Psychiater Eric Berne einmal humorvoll ausgedrückt hat:

Die Menschen werden als Prinzen und Prinzessinnen geboren, bis man sie in Frösche verwandelt.

Erfolgreiche Persönlichkeit?

„Jede erfolgreiche Person hat etwas, das sie auszeichnet. Was aber alle Erfolgspersönlichkeiten gemeinsam haben, ist, dass sie vor Hürden nicht zurückschrecken, sondern konstant an ihren Visionen arbeiten. Verbunden mit sozialer Intelligenz und einem Out-of-the-Box-Denken steht einer erfolgreichen Karriere nichts im Wege. "

Aleksandra Izdebska

Wie stark wirkt sich unsere Persönlichkeit auf unseren Erfolg aus? Und welche Faktoren sind noch wichtig?

Mit unserer Persönlichkeit und unserem Verhalten hinterlassen wir bereits in Bruchteilen einer Sekunde einen bestimmten Eindruck bei unserem Gegenüber. Clevere Menschen wissen deshalb, wie wichtig es ist, die eigene Wirkung zu kennen und auch das Verhalten anderer unvoreingenommen einschätzen zu können. Persönlichkeitstests unterstützen diese Fähigkeiten, deshalb finden Sie auf der nächsten Seite einen Schnelltest, der Ihnen hilft, ein erstes Bild über sich und Ihr Verhalten zu bekommen.

Kreuzen Sie jene Aussagen an, die am stärksten auf Sie zutreffen. Die ersten drei Punkte pro Kategorie zeigen Ihnen, wie Sie auf andere wirken, wenn Sie ausgeglichen sind und in einer für Sie angenehmen Umgebung arbeiten. Darunter zeigen drei Hinweise mögliche negative Verhaltenstendenzen auf, wenn Sie unter Druck handeln müssen. Die letzte Zeile zeigt ein mögliches Motiv, warum Sie sich unter Druck so verhalten. Dieser Test ist sehr einfach aufgebaut und nicht vollständig. Er soll Ihnen lediglich aufzeigen, wie unterschiedlich Persönlichkeiten und ihr Verhalten sein können. Weitere Informationen dazu finden Sie im nächsten Kapitel.

ICH bin kommunikativ und vielseitig

☐ Ich bin kontaktfreudig, gesprächig und spontan.
☐ Ich mag Neues und bringe gern etwas weiter.
☐ Ich arbeite gern in einer lockeren Athmosphäre.
▪ *Ich mache zu viel auf einmal und bin unstrukturiert.*
▪ *Ich lasse mich zu leicht von neuen Ideen ablenken.*
▪ *Ich brauche viel Bestätigung und tue alles dafür.*
➔ *Ich habe Angst vor dem Verlust von Anerkennung.*

ICH bin herzlich und vertrauensvoll

☐ Ich bin liebenswürdig, gesellig und optimistisch.
☐ Ich liebe es, andere zu fördern und zu motivieren.
☐ Ich arbeite gern mit anderen an einem Ziel.
▪ *Ich nehme Kritik zu persönlich anstatt sachlich.*
▪ *Ich gehe schwierigen Situationen lieber aus dem Weg.*
▪ *Ich will es vielen recht machen, vermeide Kritik.*
➔ *Ich habe Angst davor, nicht akzeptiert zu werden.*

ICH bin beständig und zuverlässig

☐ Ich bin freundlich, loyal und gern unter Menschen.
☐ Ich mag ein stabiles und harmonisches Umfeld.
☐ Ich arbeite gern im Team mit anderen.
▪ *Ich gebe anderen zuliebe zu schnell nach.*
▪ *Ich spiele meine eigenen Fähigkeiten herunter.*
▪ *Ich werde unter Stress eher unflexibel und warte ab.*
➔ *Ich habe Angst vor raschen Veränderungen.*

ICH bin ausgeglichen und geduldig

- ☐ Ich bin ruhig, gelassen und eher zurückhaltend.
- ☐ Ich mag kompetente und fleißige Menschen.
- ☐ Ich arbeite allein, füge mich aber auch gut ins Team.
- ▪ *Ich verlasse mich nur auf meine Urteilsfähigkeit.*
- ▪ *Ich bin sehr sachlich und lasse Emotionen nicht zu.*
- ▪ *Ich vermeide rasche Veränderungen.*
- → *Ich habe Angst vor unsicheren Rahmenbedingungen.*

ICH bin gewissenhaft und genau

- ☐ Ich bin vernünftig, analytisch und pflichtbewusst.
- ☐ Ich mag perfekte Ergebnisse und klare Strukturen.
- ☐ Ich arbeite lieber allein als im Team.
- ▪ *Ich habe zu hohe Ansprüche an mich.*
- ▪ *Ich erwarte auch von anderen oft zu viel.*
- ▪ *Ich reagiere manchmal überempfindlich auf Kritik.*
- → *Ich habe Angst davor, Fehler zu machen.*

ICH bin direkt und durchsetzungsfähig

- ☐ Ich bin selbstsicher, entschlossen und dynamisch.
- ☐ Ich mag es, Ziele zu definieren und umzusetzen.
- ☐ Ich bin gern unabhängig und Führungskraft.
- ▪ *Ich werde unter Druck sehr ungeduldig.*
- ▪ *Ich will meine Ansichten meistens durchsetzen.*
- ▪ *Ich will als wichtiger Mensch anerkannt werden.*
- → *Ich habe Angst davor, keinen Einfluss zu haben.*

Sympathische Persönlichkeit?

„Ich kann eigentlich gar nicht anders, als Original zu sein!
Ich habe meinen Weg kennengelernt und bleibe diesem
treu. Authentisch und emotional zu sein und zu bleiben,
ist mir wichtig!"

Johannes Gutmann

Finden Sie einige der Verhaltensweisen im vorangegangenen Test sympathischer oder unsympathischer als andere?

Sie haben beim Ausfüllen des Tests vielleicht schon erkannt, dass die Einteilung in sechs Kategorien sehr dürftig und unvollständig ist. Es müsste über sieben Milliarden verschiedene Kategorien geben, damit wir alle unsere Eigenschaften in einem Profil wiederfinden. Der Test soll nur aufzeigen, dass Menschen sich generell unterschiedlich verhalten und verschiedene Motive haben, die ihr Verhalten steuern. Keiner der sechs beschriebenen Verhaltensstile ist besser als der andere. Die Unterschiede machen uns ja gerade interessant und sind das Salz in unseren zwischenmenschlichen Beziehungen; solange unser Verhalten in unserer Umgebung geschätzt wird und wir unsere Stärken nicht übertreiben.

Sie werden auch feststellen, dass Sie je nach Situation (in der Familie, im Beruf, unter Freunden etc.) unter Umständen unterschiedliche Verhaltensweisen zeigen. Als Chefin wird von Ihnen ein anderes Verhalten erwartet als zu Hause als Mutter oder Freundin. Dies liegt daran, dass wir unser Verhalten der Situation anpassen, um langfristig gute Beziehungen pflegen zu können.

Manche der angeführten Verhaltensstile finden Sie angenehmer als andere? Auch das ist normal. Bestimmte Verhaltensweisen finden Sie vielleicht störend, weil diese gegen Ihre Grundwerte verstoßen.

Oder das Verhalten erinnert Sie an eine Situation oder Person von früher? An eine Zeit, in der Sie vielleicht abhängig von so einer Person waren? Lassen Sie Ihre gegenwärtigen Beziehungen dadurch nicht negativ beeinflussen. Sie sind bspw. kein Schulkind mehr, das abhängig von einem sehr „direkten und durchsetzungsfähigen" Lehrer war, der vielleicht unter Termindruck ein dominantes Verhalten an den Tag legte. Oder Sie müssen mit einem „kommunikativen und vielseitigen" Menschen arbeiten, der sich in stressigen Situationen zu schnell ablenken lässt? Dann liegt es möglicherweise daran, dass dieser Mensch aus Angst vor dem Verlust von Anerkennung nicht nein sagen kann und durch die vielen Aufgaben unstrukturiert wirkt.

Für jedes Verhalten gibt es einen Grund. Wenn wir wissen, dass wir alle gute Gründe für unser – manchmal vielleicht nicht immer angenehmes – Verhalten haben, können wir einander besser verstehen. Und Verständnis ist die beste Basis für ein gutes Miteinander und damit für Erfolg.

Sie interessieren sich für eine genauere Analyse Ihrer Persönlichkeit? Mittlerweile gibt es eine Vielzahl an Theorien, die hilfreich sind, sich selbst und andere besser einzuschätzen. Unter dem Stichwort „Persönlichkeitstest" oder „Verhaltenstest" finden Sie im Internet eine große Auswahl an Bewertungskatalogen, die Ihnen helfen, sich und andere besser zu verstehen.

**Wir mögen Menschen, die uns mögen.
Und umgekehrt.**

Was können Sie?
Talente und Fähigkeiten

„Ich habe etwas gefunden, wo ich wirklich gut bin."
Heinz Zak

Sie können nicht so gut kochen wie Sarah Wiener? Oder klettern wie Heinz Zak? Ist das überhaupt nötig?

Nein. Sie haben dafür andere Talente. Und wahrscheinlich sind Kochkünste oder sportliche Höchstleistungen in Ihrem Beruf gar nicht erforderlich, falls Sie nicht gerade Koch oder Sportler sind. Haben Sie schon einmal versucht, öffentlich zu singen, obwohl Sie kein Talent und keine Ausbildung dazu haben? Unter der Dusche – kein Problem, auf einer Bühne schon. Trotzdem gibt es Menschen, die sich auf dieses Abenteuer einlassen, in der Hoffnung, damit erfolgreich zu werden. Leider werden sie meistens nur zur Lachnummer und nicht selten unzufrieden und depressiv. Machen Sie in Ihrem Beruf und Ihrem Leben nicht den gleichen Fehler, sondern versuchen Sie, Ihre echten Talente zu erkennen und stärker zu nutzen.

Ein Talent ist eine bestimmte Begabung oder Fähigkeit. Eine Stärke ist eine Mischung aus bestimmten Persönlichkeitseigenschaften und Talenten. So werden Sie mit einem musischen Talent nur dann eine Profikarriere als Sänger einschlagen können, wenn Sie, unter anderem, die nötige Disziplin zum Üben aufbringen und genügend Selbstvertrauen besitzen, um öffentlich aufzutreten.

Jetzt wird Ihnen vielleicht klar, warum Sie in manchen Bereichen zwar mit einem besonderen Talent gesegnet sind, aber noch keinen durchschlagenden Erfolg hatten. Talent allein macht noch keinen Erfolg, wie Sie in späteren Kapiteln dieses Buches noch erfahren werden.

Trotzdem ist ein Talent schon mal eine gute Voraussetzung, um in bestimmten Bereichen erfolgreich zu werden. Leider wird in unserem Schulsystem noch ungenügend Talentsuche betrieben. Wir alle hätten möglicherweise schon viel früher festgestellt, dass wir mit verschiedensten Talenten gesegnet sind, die wir bisher nur noch nicht entdeckt haben.

Lassen Sie uns deshalb mehr über Ihre Talente herausfinden. Welche Fragen sollten Sie sich stellen, um möglichst viele davon zu erkennen?

Vielleicht kennen Sie schon die üblichen Stärken-Analysen aus Stellenbewerbungen. Sie sind ein guter Anhaltspunkt, sagen jedoch nicht viel über jene Talente aus, die Ihnen persönlich wichtig sind. Aus den Antworten auf die nachfolgenden Fragen können Sie mehr über jene Talente erfahren, die Ihnen auch persönlich am Herzen liegen.

→ *Was tun Sie sehr gern?*

→ *Was mögen Sie selbst gern an sich?*

→ *Was schätzen andere an Ihnen?*

→ *Wofür werden Sie oft gelobt?*

→ *Was fällt Ihnen leicht?*

→ *Wo können Sie spontan Ihr Bestes geben?*

→ *Wofür brauchen Sie keine lange Vorbereitungszeit?*

→ *Wofür haben Sie immer Zeit?*

Auch aus Ihren bevorzugten Verhaltensweisen aus dem vorangegangenen Verhaltenstest können Sie einige Talente ableiten. Sie sind zum Beispiel kommunikativ, zuverlässig, zielstrebig etc. Oder Sie sind ausgleichend, ruhig und gelassen. Je nach Situation, Beruf und Führungsrolle sind unterschiedliche Talente gefragt. Viele unserer Talente sind angeboren, ein großer Teil davon wird jedoch erst bei Bedarf im Laufe der Zeit „kultiviert" und gemeinsam mit unserer Persönlichkeit zu einer echten Stärke. Manches werden wir nie lernen oder erreichen, obwohl wir die Fähigkeit gerne besitzen würden.

Wir könnten damit hadern, dass wir bestimmte Talente nicht besitzen, die wir gern hätten. Wir könnten aber auch vorwärts schauen und überlegen, ob wir nicht bereits alles mitbekommen haben, was wir für unsere persönliche Vorstellung von Erfolg und Zufriedenheit benötigen. Dazu gehört nicht immer, der größte, reichste oder wichtigste Mensch auf Erden zu sein, wie wir im letzten Drittel dieses Buches noch erfahren werden.

Im Laufe unseres Lebens verändern sich unsere Lebensumstände, Erfahrungen stärken oder schwächen unsere Persönlichkeit, und es können dadurch auch Talente untergehen. Überlegen Sie, was sich bei Ihnen im Laufe der Zeit verändert hat und ob Sie einigen Ihrer Talente nicht wieder mehr Beachtung schenken möchten oder sollten. Nicht immer müssen diese Talente auch im Beruf zur Geltung kommen. Sehr oft bereichern Talente auch unser Leben, wenn wir sie in der Freizeit bspw. bei einem Hobby oder in einer charitativen Einrichtung einbringen können.

**Sie haben mehr Talente, als Ihnen bewusst ist.
Entdecken Sie sie neu und nutzen Sie sie.**

Ihre Kompetenzen

*„Fleiß zählt sicher nicht zu meinen Tugenden. Und Durch-
haltevermögen nur, wenn ich es für richtig und wichtig
halte. Mit Fleiß kann man es oft weit bringen, und niemals
aufzugeben kann sinnvoll und hilfreich sein. Aber da gibt
es ja noch die andere Seite: nicht nachgeben zu können
und uneinsichtig zu sein."*

Sarah Wiener

Welche Kompetenzen sollte eine erfolgreiche Persönlichkeit aufweisen? Gibt es so etwas wie Basis-Kompetenzen?

Das Zitat von TV-Starköchin Sarah Wiener zeigt sehr deutlich,
dass jeder Mensch unterschiedliche Talente und Fähigkeiten ein-
setzt, um erfolgreich zu werden. Jede Situation erfordert andere
Stärken; jede neue Herausforderung ihre eigene Motivation, um
sie zu meistern. Deshalb gibt es keine allgemeingültige Liste an
fachlichen Kompetenzen die man nachweisen sollte, um erfolgreich zu sein.

Wissenschaftler haben festgestellt, dass sich das Wissen auf der
Erde zwischen dem Jahr 1900 und 2000 verdoppelt hat. Seit dem
Jahr 2000 hat es sich jährlich und seit 2010 vermutlich sogar
täglich verdoppelt. In einer Welt, in der Fachwissen in so kurzer
Zeit veraltet, werden andere Qualifikationen immer wichtiger.
Beispielsweise Grundkompetenzen, die man unabhängig von be-
stimmten Berufs- und Jobanforderungen erfüllt. Prüfen Sie, welche
der nachfolgenden Kompetenzen Sie besitzen und ob Sie diese in
Ihrem Beruf einsetzen können:

➤ *Fachkompetenz oder Hard Skills*
Ihre klassische berufliche Bildung, die Sie in der Schule
und in weiteren Aus- und Fortbildungen erworben haben:
Allgemein- oder fachspezifisches Wissen, Sprach- oder
EDV-Kenntnisse, technische Kenntnisse u. v. m.

➤ *Methodenkompetenz*
Wie zielgerichtet können Sie Ihr Fachwissen einsetzen?
Dazu gehört analytisches und kreatives Denkvermögen
oder die Fähigkeit, strukturiert und kritisch zu denken.

➤ *Sozialkompetenz oder Soft Skills*
Wie gut und konstruktiv können Sie mit anderen umgehen und auf sie eingehen? Wie sieht es mit Ihrer Kontakt-,
Kommunikations-, Führungs-, Kritik-, Konflikt- und Ko-
operationsfähigkeit aus?

➤ *Selbst-Kompetenz*
Sind Sie bereit, sich selbst weiterzuentwickeln durch die
Bereitschaft zur Selbstreflexion (das eigene Verhalten
überprüfen und notfalls ändern)? Durch besondere Ein-
satzfreude und Eigeninitiative?

Kombinieren Sie nun diese Schlüsselkompetenzen mit den bereits
ermittelten Stärken. Wenn Sie dann Ihr Augenmerk auf jene Bereiche richten, in denen Sie besonders gut sind, die Sie besonders
mögen und die Ihnen auch leichtfallen, haben Sie Ihre wichtigsten
Kernkompetenzen entdeckt. Diese sind die Basis für Ihren Erfolg.
Versuchen Sie, diese nach Möglichkeit auf eine Aussage von ein bis
zwei Sätzen zu verdichten. Sie erfahren später, warum.

Ihre Kernkompetenzen sind schon da.
Machen Sie sie sichtbar.

Was hindert Sie?
Erfolg ist Einstellungssache

„Das Schwierigste ist der Kopf
und nicht der nächste Klimmzug."
Heinz Zak

Wissen Sie, wie stark Ihre Grundwerte Ihr Verhalten mitbestimmen? Und dass manche vielleicht überholt sind?

Werte sind bestimmte Prinzipien oder Regeln, die wir in unseren Entscheidungen berücksichtigen. Viele unserer Werte übernehmen wir schon sehr früh von anderen, ohne später zu überprüfen, ob sie noch ins eigene Wertesystem passen. Sie bestimmen häufig noch unser Verhalten im Erwachsenenleben, obwohl sie uns eigentlich gar nicht mehr wichtig sind. Falls Sie in einem sehr behüteten Umfeld aufgewachsen sind, wird es schwierig werden, mit dem Wert „Sicherheit geht über alles" im Kopf einen schwierigen Berggipfel zu erklimmen. Dabei ist es möglich, dass dieser Wert nur deshalb so stark verankert ist, weil man früher bspw. gar nicht die Sicherungsmöglichkeiten von heute hatte. Rahmenbedingungen ändern sich, so können sich auch bestimmte Werte im Laufe der Zeit ändern.

Um Ihnen einen kleinen Einblick in die Vielfalt an Werten zu geben, finden Sie anschließend eine kleine Sammlung dazu. Die Liste ist nicht vollständig und bewusst nicht nach Themen sortiert, Sie können fehlende Werte für sich ergänzen. Fragen Sie sich zunächst zu jedem Punkt, ob dieser Wert für Sie wichtig ist, falls ja, kreuzen Sie ihn an. Danach lesen Sie die weiteren Erläuterungen dazu.

Was davon ist mir wichtig?	Wichtig!	Genug Platz?
Gute Leistungen und Ergebnisse erbringen		
Für Balance im Berufs- und Privatleben sorgen		
Neue Herausforderungen annehmen		
Stolz auf die eigene Leistung sein		
Finanziell unabhängig von anderen sein		
Generell unabhängig und frei sein		
Erfolgreich und anerkannt sein		
Optimistisch und realistisch sein		
Viel mit anderen Menschen zusammen sein		
Kreativ und innovativ sein, Neues schaffen		
Ordentlich und strukturiert sein		
Persönlich wachsen und meine Potenziale nutzen		
Zufrieden und glücklich sein		
Anderen Vertrauen entgegenbringen		

Was davon ist mir wichtig?	Wichtig!	Genug Platz?
Über viel Freizeit verfügen		
Gesund, sportlich und fit sein		
Ehrlich gegenüber anderen sein		
Sicherheit und Stabilität		
Verantwortung für mich und andere übernehmen		
Lebenslang bereit zum Lernen sein		
Entwicklung und Fortschritt unterstützen		
Loyal, treu und respektvoll sein		
Fair gegenüber anderen sein		
Viel Zeit für Familie und Kinder haben		
Echt und authentisch bleiben		
Mein Leben möglichst selbst bestimmen		
Verständnisvoll und tolerant sein		
Leidenschaftlich arbeiten und leben		

Sehen Sie sich die als „wichtig" gekennzeichneten Werte nochmals genauer an und stellen Sie sich folgende Frage: Sind diese Werte für mich heute wirklich noch wichtig oder habe ich sie nur von anderen (Eltern, Familie, Kollegen, Kultur etc.) übernommen? Sind sie mittlerweile überhaupt noch relevant für mich? Im letzteren Fall sollten Sie bei zukünftigen Entscheidungen zur Sicherheit überprüfen, ob Sie nicht einer dieser überholten Werte beeinflusst. Überlegen Sie anschließend, ob Sie den wichtigen Werten in Ihrem Berufs- und Privatleben auch genügend Aufmerksamkeit und Platz schenken. Unzufriedenheit entsteht oft dadurch, dass wir wichtige Werte nicht „pflegen" bzw. ausleben können.

Sie überlegen sich zum Beispiel, ob Sie den Schritt in die Selbständigkeit wagen sollen. Dann könnte Ihre Entscheidung durch folgende Fragen beeinflusst werden:

➜ *Was halten andere davon? Was erwarten sie?*
Lieber ein sicherer Job als eine unsichere Zukunft. Sicherheit und Stabilität als wichtigster Wert.

➜ *Welche Werte sind mir wichtig?*
Möglicherweise sind das die Werte Unabhängigkeit, Freiheit und größtmögliche Selbstbestimmung.

So ringen unsere Werte bei jeder Entscheidung um unsere Aufmerksamkeit und beeinflussen unser Verhalten. Nehmen Sie sich die Zeit, um bei wichtigen Entscheidungen nicht nur auf das „Bauchgefühl" zu hören, sondern auch zu analysieren, was genau dafür oder dagegen spricht.

Unsere Werte bestimmen unser Verhalten.
Prüfen Sie, ob diese noch zu Ihnen passen.

Wille schlägt Talent?

„Ohne üben, üben, üben geht gar nichts.
Aber üben führt nicht bei jedem zum gleichen Erfolg. "
Markus Hengstschläger

Ist Talent ausreichend für Erfolg? Was passiert mit talentreichen, aber willensschwachen Menschen?

Denken Sie spontan an ein anerkanntes Genie. Die Älteren unter uns denken hier vielleicht an Albert Einstein oder die mehrfache Nobelpreisträgerin Marie Curie. Möglicherweise halten einige auch Steve Jobs, den Gründer von Apple, oder Bill Gates, den Gründer von Microsoft, für Genies. Was haben diese Menschen gemeinsam? Einen hohen Intelligenzquotienten? Außerordentliches Talent? Viele Wissenschaftler sind der Meinung, dass Genialität im Grunde nicht angeboren ist, sondern erlernt werden kann. Solange ein gewisses Grundtalent da ist und man genug übt, ist vieles möglich. Erfolgsforscher haben zudem schon lange festgestellt, dass Talent allein keinen Erfolg bringt.

Wenn Sie nicht den nötigen Willen aufbringen, Ihre Ziele zu erreichen, werden Sie diese auch nicht erreichen. Das Problem liegt – wie immer – im Kopf. Und viele glauben, es sei schwieriger, den Kopf zu trainieren als den Körper. Das stimmt jedoch nicht ganz. Falls Sie die Anregungen in den vorangegangenen Kapiteln genau gelesen haben, wissen Sie mittlerweile, dass Ihr Wille ein Ergebnis Ihrer Werte, Ihrer Einstellungen und Ihrer Grundmotivation ist. Dieser Mix bringt Sie dazu, etwas zu erreichen oder nicht.

Falls Sie immer wieder an einem Ziel scheitern, sollten Sie überprüfen, welcher dieser Bereiche Sie bremst.

Zusätzlich zum Willen brauchen Sie in der Regel auch ein hohes Maß an Kreativität und soziale Kompetenz, denn viele Ideen sind nur in einem Team zu verwirklichen. Damit wirklich herausragende, neue Ideen umgesetzt werden können, braucht es auch Ausdauer, Tatkraft und die Fähigkeit, nach Rückschlägen wieder aufstehen zu können.

Menschen mit einem hohen Intelligenzquotienten leisten also nicht zwangsläufig Herausragendes. Wenn nicht zusätzliche Faktoren wie gute analytische Fähigkeiten, Kombinationsgabe und vor allem Sachverstand hinzukommen, wird man keine sensationellen Ergebnisse erhalten wie Einstein. Das ist auch gar nicht nötig. Falls Sie motiviert sind, Durchhaltevermögen beweisen und den Willen haben, etwas zu erreichen und dafür auch etwas zu leisten, können Sie sehr viel erreichen.

Zuvor sollten Sie jedoch eine klare Vorstellung davon haben, was Sie erreichen wollen, und ein konkretes Ziel festlegen. Schreiben oder malen Sie dieses auf ein Blatt Papier, das Sie dorthin kleben, wo es regelmäßig zu sehen ist. Je öfter Sie dieses Blatt ansehen, umso stärker wird sich Ihr Bild des Erfolgs festigen. Stellen Sie sich Ihren Erfolg mit allen Sinnen vor und tun Sie, was nötig ist, um ihn zu erreichen. Wie Sie Ihre Ziele festlegen und visualisieren können, finden Sie in einem späteren Kapitel beschrieben.

Talent ist hilfreich, aber ohne Willen geht gar nichts.
Wenn Sie nicht wirklich wollen, ändert sich nichts.

Der innere Schweinehund

„Mögen hätte ich schon wollen,
aber dürfen hab ich mich nicht getraut. "
              Karl Valentin

Geht es Ihnen auch manchmal so? Sie möchten etwas ändern, haben aber das Gefühl, dass es einfach nicht geht?

Wir haben bereits erfahren, dass wir oft nach Werten handeln, die wir von anderen übernommen haben. Wir sind sehr leistungsorientiert und arbeiten bis zum Umfallen, obwohl wir dringend Zeit für Erholung bräuchten. Oder wir arbeiten weiterhin als Angestellte, obwohl freies, unabhängiges Arbeiten für uns heute erfüllender wäre als ein sicherer Beamtenjob. Sobald wir uns neue Ziele setzen, melden sich in kürzester Zeit innere und äußere Kritiker: Das darfst du nicht! Das birgt zu viele Risiken! Du musst auf deinen Partner/deine Kinder/deine Eltern Rücksicht nehmen! Du kannst das nicht! Du hast zu wenig Ahnung davon! Das geht einfach nicht!
Oft sind es gar nicht konkrete Probleme, die uns daran hindern, etwas zu ändern. Es sind vielmehr die inneren Selbstgespräche, die uns ängstlich machen und uns resignieren lassen. Diese persönlichen Einstellungen können uns oft mehr bremsen als gut gemeinte, aber niederschmetternde Ratschläge von „guten Freunden". Und sie können uns genauso wie überholte Werte in unserem Streben nach Glück und Erfolg stören.

Folgende Tipps helfen Ihnen, diese Bremser aufzuspüren und Ihre Einstellung gegebenenfalls zu ändern:

→ *Einstellungen gehören zu unserer Persönlichkeit, wir können Sie aber jederzeit ändern.*
Sie glauben, Sie sind ein schlechter Lerner? Vielleicht liegt es daran, dass Sie früher einfach keine Lust zum Lernen hatten oder die Pubertät Sie davon abgehalten hat, genügend Zeit dafür zu investieren. Heute sind Sie vielleicht sogar motiviert genug, um eine größere Ausbildung abzuschließen. Probieren Sie es aus.

→ *Einstellungen entstehen durch Informationen aus der Vergangenheit. Prüfen Sie, ob diese aktuell sind.*
Sie denken, Sie sind ein schlechter Verkäufer? Vielleicht glauben Sie noch an die längst überholte Auffassung, wonach Top-Verkäufer gern und viel reden müssen. Heute wissen Verkaufsexperten: Die besten Verkäufer sind jene, die gut zuhören können.

→ *Einstellungen sind manchmal ansteckend und können ganze Gruppen beeinflussen. Auch positiv.*
Ihre Familie glaubt nicht, dass Sie als Selbständiger erfolgreich werden können? Zeigen Sie ihnen Ihre Ideen, Pläne und Maßnahmen. Nehmen Sie ihnen damit ihre Ängste und motivieren Sie sie, sich selbst einzubringen. Das gibt Sicherheit und verbindet.

Lassen Sie nicht zu, dass Sie aufgrund überholter Grundannahmen eine falsche Vorstellung von sich und Ihren Möglichkeiten haben. Der „innere Schweinehund" ist nur dazu da, Sie vor dem Schlimmsten zu bewahren. Er sollte Sie jedoch nicht davon abhalten, Ihre Ziele zu erreichen.

**Negative Einstellungen beeinflussen Ihren Erfolg.
Räumen Sie Ihre eigenen falschen Vorurteile aus.**

Selbst-bewusst-sein

*„Manchmal strotze ich vor Selbstbewusstsein, dann
wieder überhaupt nicht. Dann hader ich mit mir, meinem
Charakter, meinen Anschauungen. Am Ende des Tages
tröste ich mich mit dem Gedanken, dass das ja auch ganz
gesund ist."*

Sarah Wiener

Glauben Sie, Menschen mit einem großen Selbstbewusstsein sind
automatisch erfolgreicher? Ist das tatsächlich so?

Sind Sie schüchtern? Selbst wenn Sie es normalerweise nicht sind,
Schüchternheit kann auch situationsbedingt eintreten. Manchmal
ist sie auch kulturell bedingt, so ist sie in einigen asiatischen Län-
dern stärker zu beobachten als bei uns. Tatsache ist, dass ein hohes Selbstbewusstsein nicht unbedingt ein guter Indikator für die
tatsächliche Leistung eines Menschen ist. Nur weil jemand sehr
selbstbewusst auftritt, ist er nicht automatisch ein erfolgreicher
Unternehmer oder Chef. Negativ-Beispiele dazu kennen Sie wahrscheinlich auch aus Ihrer Umgebung.

Manche Menschen haben generell ein negatives Selbstkonzept von
sich, man spricht hier auch von einem geringen Selbstwertgefühl.
Dieses Gefühl für sich selbst hat einen starken Einfluss auf ihre
Gedanken und ihr Verhalten und damit auch auf ihren Erfolg. Für
diese Menschen ist es besonders wichtig, die eigenen Fähigkeiten
und Talente und damit auch den eigenen Wert zu erkennen. Wenn
sie wissen, was sie können, sind sie eher bereit, sich zu schätzen.
Und nur was man selbst schätzt, kann man auch schützen.

Bei Erwachsenen wird zu viel Selbstbewusstsein oft sogar als unan-
genehm beschrieben, deshalb werden solche Menschen manchmal
sogar gemieden.

Bei jungen Menschen können Phasen der Selbstüberschätzung für eine begrenzte Zeit als vorübergehendes Phänomen akzeptiert werden. So hat man u. a. festgestellt, dass dies den wichtigen Loslösungsprozess aus dem Elternhaus unterstützt. Falls dieses übertriebene Verhalten jedoch im Erwachsenenalter anhält, wird es von der Umwelt im Allgemeinen nicht mehr toleriert.

Übertriebenes Selbstbewusstsein hat ihre Ursache interessanterweise auch in Selbstwertproblemen. Zu wenig Zuwendung und Akzeptanz in der Kindheit ist hier genauso fatal wie zu viel davon. Werden Kinder zu oft und überschwänglich für jede noch so kleine Leistung gelobt, kann dies eine negative Wirkung auf ihr Selbstbewusstsein haben. Bleibt früher oder später das (ansonsten immer verfügbare und übertriebene) Lob im Berufs- und Privatleben aus, können diese Menschen nur sehr schwer damit umgehen. Schließlich konnten sie davor nie lernen, mit Rückschlägen oder Zurückweisungen umzugehen, und empfinden alles als Angriff auf ihre Person.

Ich-Stärke besitzen Sie, wenn Sie nicht jeder Angriff auf das eigene Selbstwertgefühl umhaut. Diese Ich-Stärke können Sie auch trainieren:
Stellen Sie sich schwierigen Herausforderungen und fangen Sie mit kleineren an. Falls Sie eher zurückhaltend sind, starten Sie damit, dass Sie sich vornehmen, einen Unbekannten anzusprechen. Was können Sie schon verlieren? Später schlagen Sie dem Chef oder einem Ihrer Kunden ein interessantes neues Projekt vor. Oder Sie prüfen eine neue Geschäftsidee auf Herz und Nieren und setzen diese als Selbständiger um.

Jeder Misserfolg zeigt, was Sie noch besser machen können.
Jeder Erfolg bringt Sie einen Schritt weiter!

Selbstsicher zu sein bedeutet ...

➜ *dass man erfolgreich sein kann, ohne überheblich zu werden.*

➜ *dass man zwar empfindsam, aber nicht empfindlich auf andere reagiert.*

➜ *dass man konsequent ist, ohne rücksichtslos zu werden.*

➜ *dass man überzeugt davon ist, das Richtige zu machen, ohne fanatisch zu werden.*

Deshalb ...

➜ *Haben Sie keine Angst vor Unsicherheit.*

➜ *Niemand ist perfekt. Wir kochen alle nur mit Wasser.*

➜ *Nehmen Sie Kritik nicht persönlich, sondern sachlich.*

➜ *Gelassenheit kann man erlernen und einüben (durch Entspannungstechniken, gute Vorbereitung etc.).*

➜ *Wir sind so, wie wir sind. Wir können andere nicht ändern, aber unsere Sicht auf das, was sie uns sagen.*

➜ *Nehmen Sie nicht alles zu wichtig, sondern treten Sie einen Schritt zurück und fragen Sie sich: Wie werde ich in einem Jahr oder in zehn Jahren darüber denken?*

**Erfolgreiche Originale haben auch schlechte Zeiten.
Aber sie besitzen Ich-Stärke und machen weiter.**

Was motiviert Sie?
Was uns wirklich antreibt

„Mich motivieren neue Herausforderungen. Als Unternehmerin gibt es täglich neue Probleme, die gelöst werden wollen. Ich sehe Veränderungen aber als etwas Positives und als Chance, die genutzt werden will. Die Erfüllung finde ich dann, wenn ich gemeinsam mit meinen Mitarbeitern etwas bewegen konnte. Daraus schöpfe ich Kraft und Zufriedenheit."

Aleksandra Izdebska

Warum lesen Sie dieses Buch? Was hat Sie motiviert, Ihre wertvolle Zeit zum Lesen zu investieren?

Sie lesen dieses Buch vielleicht, weil Sie etwas in Ihrem Leben verändern möchten. Sie sind motiviert, neue Wege einzuschlagen, und erhoffen sich, erfolgreicher und zufriedener zu werden. Diese Grundmotivation reicht aus, dass Sie sich einige Stunden Zeit genommen haben, die Sie auch für andere interessante Dinge verwenden könnten. Woher kommt diese Motivation und was genau ist eigentlich ein Motiv? Motive steuern unser Verhalten unbewusst; sie entstehen meist durch bestimmte Erfahrungen in der Kindheit. Zum Beispiel entwickelt man eine starke Motivation für ein Bedürfnis, das als Kind nicht genügend befriedigt wurde. Ziele kann man bewusst erfragen, wie wir auch in diesem Buch noch sehen werden. Motive sind jedoch schwerer zu erfassen. Dennoch steuern sie uns oft stärker als bewusste Ziele. Umso wichtiger ist es, zu erkennen, was uns motiviert und warum.

Es gibt sehr viele verschiedene Ansätze, um unsere Motive zu beschreiben. Auf dem folgendem Ansatz bauen viele andere auf: Der bekannte Forscher David McClelland hat drei Grundmotive („Big Three") erkannt, die einen besonders starken Einfluss auf unser

Verhalten haben. Aufgrund von sozialen und kulturellen Rahmenbedingungen sind sie bei jedem von uns unterschiedlich stark ausgeprägt.

➜ *Zugehörigkeit: Sicherheit, Geborgenheit, Zuwendung*
Menschen, bei denen dieses Grundmotiv stark ausgeprägt
ist, fördern andere gern und unterstützen sie. Freundschaft
ist für sie ein starker Zufriedenheitsfaktor. Sie haben Angst
davor, unbeliebt zu sein, von anderen ausgeschlossen und
allein gelassen zu werden, und fühlen sich dann wertlos.
Im Verhaltenstest zeigt sich das Motiv bspw. als Angst davor, nicht akzeptiert zu werden.

➜ *Leistung: Erfolg, Kreativität, Fortschritt*
Der eigene Wert wird hier daran gemessen, dass man gute
Leistungen erbringt und dadurch anerkannt wird. Ohne
diese Anerkennung fühlt man sich unfähig, schwach und
nutzlos. Falls dieses Motiv übertrieben stark ausgeprägt
ist, könnte eine mögliche Ursache dafür eine sehr frühe
und überzogene Erziehung zur Selbständigkeit sein. Im
Verhaltenstest zeigt sich dieses Motiv zum Beispiel in der
Angst zu versagen.

➜ *Macht: Kontrolle, Status, Einfluss*
Menschen mit einem hohen Machtmotiv ist es sehr wichtig, bedeutend und von anderen unabhängig zu sein. Eine
starke Ausprägung in diesem Bereich erfolgt zum Beispiel,
wenn man sich selbst als Kind oder auch ein Elternteil als
besonders schwach erlebt hat. Im Verhaltenstest zeigt sich
dieses Motiv bspw. als Angst davor, keinen Einfluss zu
haben.

Die Ausprägung der verschiedenen Grundmotive beeinflusst unser
tägliches Verhalten; manchmal stehen auch verschiedene Grundmotive miteinander in Konflikt. Wenn Sie vor dem Schritt in die
Selbständigkeit stehen, könnte bspw. das Motiv „Leistung" mit

dem Thema „Zugehörigkeit" konkurrieren. Vielleicht hätten Sie dann weniger Freizeit und Sie haben noch Fürsorgepflichten für andere Personen – und schon haben wir eine Motivkollision. Gehen Sie in diesem Fall jedes Problem zunächst einzeln an. Versuchen Sie, für jedes jeweils eine Lösung zu finden. Wer könnte Ihnen dabei zur Hand gehen? Wer könnte Ihnen durch Beratung Sicherheit geben? Vielleicht ist es sinnvoll, die Idee mit einem Partner zu realisieren und damit das Risiko zu verteilen? Oder den Schritt langsam anzugehen, also etwa nebenberuflich ein Unternehmen zu starten und so genügend Zeit für andere Verpflichtungen zu haben.

Viele Grundmotive bekommen im Laufe der Zeit auch eine andere Wertigkeit. In der „Sturm-und-Drang-Phase" der Jugend und Pubertät ist bei manchen das Macht- oder Leistungsmotiv stärker ausgeprägt als nach Eintritt in die Pension. Es könnte aber auch umgekehrt sein und Sie entdecken erst in einer späteren Lebensphase, dass Ihnen persönliches Ansehen und Anerkennung wichtiger werden als in einer Lebensphase zuvor. Prüfen Sie bei jedem Ziel, das Sie sich gesteckt, aber nicht erreicht haben, ob und welches Motiv die Erreichung möglicherweise verhindert hat bzw. verhindern könnte. Weitere, ausführlichere Beschreibungen von Grundmotiven finden Sie im Internet oder in Ratgebern. Es lohnt sich, hier nachzuforschen.

**Unbewusste Motive beeinflussen unser Verhalten.
Gehen Sie ihnen auf den Grund.**

Emotionen und mehr

„ Wir sehen erst richtig gut mit dem Bauch und mit
dem Herzen. Mein Sehfehler ist beträchtlich ... "

Johannes Gutmann

Was genau sind Emotionen und Gefühle? Wie wirken sie sich auf
unser Verhalten und damit auf den Erfolg aus?

Eine Emotion ist ein Prozess, der automatisch in uns abläuft und
eine ganze Reihe von Reaktionen hervorruft, wenn wir bestimmte Eindrücke aufnehmen. Käme uns plötzlich ein Löwe entgegen,
könnten wir eine physiologische Reaktion wie einen Schweißaus-
bruch bekommen. Wenn wir einen geliebten Menschen sehen, löst
das andere Reaktionen aus: Gefühle. Wir sind freudig erregt oder
betrübt, fröhlich oder traurig, glücklich oder unglücklich. Unsere Emotionen haben uns im Griff. Nicht nur im Wachzustand,
sondern manchmal schon im Schlaf. Ein Alptraum kann Ängste
auslösen und zu Herzklopfen führen. Eine Unstimmigkeit beim
Frühstück, und schon fährt man frustriert zur Arbeit. Bei schlechter Gefühlslage werden kleine Problemchen schnell zu großen Problemen. Sind wir gut drauf, läuft es wie am Schnürchen.
Eigentlich sind wir ja vernünftige Menschen, doch manchmal lassen wir uns von unseren Emotionen stärker steuern als vom Ver-
stand. Warum?

Unser Körper ist sehr intelligent, er reagiert auf Außenreize, bevor wir diese überhaupt bewusst registrieren. Das ist auch gut
so. Schließlich hatten unsere Vorfahren keine Zeit, lange darüber
nachzudenken, ob sie vor Gefahren wie einem Löwen davonlaufen
oder mit ihm kämpfen sollten. Vereinfacht gesagt hat unser Gehirn
gute und schlechte Erinnerungen gespeichert.
Um unser Leben zu schützen, reagiert unser autonomes Nerven-
system schnell auf Sinneseindrücke. Sehen, riechen oder hören wir

potenziell Gefährliches, wird der Körper sofort auf Flucht oder Kampf vorbereitet. Schon der Geruch der Zahnarztpraxis reicht bei manchen Menschen aus, um Angstreaktionen – in diesem Fall eine Dentalphobie – auszulösen. Das Stresssystem wird angekurbelt, Herzfrequenz und Blutdruck steigen. Damit wird auch klar, warum wir unter großer Angst häufiger Blackouts haben oder keine klaren Entscheidungen mehr treffen können.

Dummerweise können wir nicht vor solchen potenziell problematischen Situationen davonlaufen oder dagegen ankämpfen. Dabei würde uns das tatsächlich helfen: Laufen senkt den zu hohen Adrenalinspiegel oft effizienter als so manche mentale Beruhigungstechnik.

Wenn wir uns über etwas freuen, bewirkt das das Gegenteil. Der Herzschlag wird langsamer und unsere Atmung ruhiger. Wir können vernünftig nachdenken und kreativ werden. Anstatt wegzulaufen, wollen wir dem Auslöser dieser Emotion näherkommen. Übrigens auch ein Grund, warum in der Werbung so viel mit „Freude", neuerdings auch mit dem Superlativ „Begeisterung" gearbeitet wird. (Ich kriege mehr, als ich erwartet habe.) Angesprochen wird dabei das limbische System, das durch die Ausschüttung von Botenstoffen, beispielsweise Dopamin oder Serotonin, bestimmt, wie wir uns verhalten.

Dipl.-Psychologe Dr. Hans-Georg Häusel geht in seinen Büchern diesem System auf den Grund und hat mit dem innovativen Ansatz Limbic© folgende Emotionssysteme beschrieben:
Das Balance-System versucht dem Menschen Stabilität und Sicherheit zu geben. Das Stimulanz-System regt den Menschen an, Neues zu entdecken oder neue Fähigkeiten zu erlernen. Das Dominanz-System hilft dem Menschen, autonom zu entscheiden, sich durchzusetzen und Konkurrenz zu verdrängen. Bindung und Fürsorge sind weitere Emotionssysteme, die uns tagtäglich stark in unserem Verhalten beeinflussen. Man muss nur an die vielen Werbungen mit „Kindchenschema" denken, die sehr wirkungsvoll mehrere Emotionssysteme ansprechen.

Interessant ist auch, dass Emotionen deutlich an den Reaktionen unseres Körpers zu erkennen sind. Ärger, Ekel, Freude, Trauer – all diese Emotionen kann man jemandem oft schon am Gesicht ablesen. Die Stimme geht nach oben, wenn man wütend ist, und wird langsamer und stiller, wenn man traurig ist. Sie können zwar versuchen, diese Reaktionen abzumildern, aber das unterdrückt auch die Emotion und stresst Ihren Körper. Menschen, die alle Gefühle unterdrücken, wirken oft nicht sonderlich sympathisch, weil wir sie schlecht einschätzen können. Besser ist es daher, bei wirklich starken Gefühlsausbrüchen die Situation sachlich zu analysieren und neu zu bewerten. Wenn es schnell gehen muss, kann man auch gezielt seine Aufmerksamkeit auf etwas anderes lenken, dann nimmt das Gefühl subjektiv gesehen ab.

Wissenschaftler der Columbia University in New York haben festgestellt, dass Testteilnehmer, die ihrem Gefühl folgen, oft bessere Prognosen zum Thema Wetter oder Wahlen stellen als Spezialisten. Allerdings nur, wenn sie genügend Fakten zur Beurteilung hatten. Wenn Ihnen also Ihr Bauchgefühl davon abrät, etwas zu tun, sollten Sie sich fragen, ob Sie ausreichend Fakten haben, um die richtige Entscheidung zu treffen, oder ob Sie sich nicht unbewusst vor einer potenziellen Niederlage schützen wollen.

**Emotionen machen uns menschlich und das ist gut.
Lassen Sie sich nicht von negativen Emotionen steuern.**

Was macht Sie einzigartig?
Ecken und Kanten

„Das Glück besteht darin, zu leben wie alle Welt
und doch wie kein anderer zu sein."
Simone de Beauvoir

Denken Sie spontan an eine sehr erfolgreiche Person. Mit Sicherheit hat diese einige Ecken und Kanten, oder nicht?

Jeder von uns besitzt nicht nur einen individuellen Mix an Talenten und Fähigkeiten, sondern meistens auch eine gute Portion an Macken und Komplexen. Oder kennen Sie jemanden, der fehlerfrei ist? Zudem liegt es immer im Auge des Betrachters, ob jemand angenehm auf uns wirkt, oder ob uns etwas am Gegenüber stört. Erfolgreiche und zufriedene Menschen verbindet, dass sie ihre Ecken und Kanten akzeptiert haben, sofern sie damit andere nicht stören. Unsere Aufgabe besteht darin, unsere individuelle Persönlichkeit anzuerkennen und einen Ort zu finden, an dem wir unsere Fähigkeiten mit unseren Ecken und Kanten nutzbringend einsetzen können. Das ist fast schon eine Lebensaufgabe, denn auch wir lernen dazu, entwickeln uns weiter und entdecken neue Leidenschaften. Wenn wir stattdessen versuchen, immer mehr wie andere zu werden, verlieren wir unser Profil, unsere individuellen Erkennungsmerkmale und unsere Zufriedenheit.

Was wäre Johannes Gutmann ohne seine rote Brille und seine geliebte Lederhose? Noch ein Geschäftsmann im grauen Zweiteiler. Was wäre Sarah Wiener ohne ihre ehrlichen und spontanen Sprüche? Noch eine bis ins letzte Detail vorprogrammierte TV-Köchin.

Solange Ihre Ecken und Kanten Sie selbst und andere nicht negativ beeinflussen, sollten Sie diese akzeptieren. Sie machen Sie schließlich einzigartig.
Fragen Sie sich deshalb:

→ *Was sind meine „Ecken und Kanten"?*

→ *Welche „Macken" stören mich und andere?*

→ *Wie kriege ich diese in den Griff?*

Die letzte Frage sollten Sie sich dann stellen, wenn Sie mit bestimmten „Ecken und Kanten" immer wieder an Grenzen stoßen. Vielleicht sind Sie ein sehr genauer Mensch. – Das ist im Grunde eine gute Sache, solange Sie nicht pedantisch werden und damit andere stören. Vielleicht sind Sie ein kommunikativer Mensch. – Wunderbar, solange Sie nicht ständig Monologe halten und jedes Umfeld als Ihr persönliches Publikum empfinden. Seien Sie aufmerksam und fragen Sie gute Bekannte, ob sie etwas an Ihnen besonders störend empfinden. Jüngste Studien beweisen übrigens, dass gute Bekannte unsere Persönlichkeit und unsere Wirkung auf andere oft besser einschätzen können als wir selbst. Fragen Sie also diese kostenlosen Berater und nehmen Sie die Antworten ernst.

Sollte das Ergebnis dieser Befragung sein, dass mehrere Personen die gleichen Dinge als sehr störend an Ihnen wahrnehmen, sollten Sie sich die nächsten zwei Kapitel etwas genauer ansehen. Es ist jedoch auch möglich, dass Ihre Umgebung Ihre vermeintlichen Macken sogar als bereichernd empfindet. Dann sollten Sie dazu stehen.

Let's agree to differ.
Wir sind unterschiedlich – und das ist gut so.

Übertriebene Stärke – eine Schwäche?

*„Es gibt kein großes Genie
ohne einen Schuss Verrücktheit."*
                                    Aristoteles

Reagieren Sie unter Stress und Druck manchmal anders als sonst?
Und wissen Sie auch, warum?

Solange unsere persönlichen Talente und Fähigkeiten uns weiterhelfen und unser Verhalten andere Menschen nicht stört, ist alles in Ordnung. Problematisch wird es allerdings, wenn wir unter
zeitlichem oder emotionalem Druck stehen. Oft übertreiben wir
es dann mit unseren Stärken und sie werden zu unseren größten
Schwächen. Ansonsten ausgeglichene Persönlichkeiten werden unter Druck manchmal dominant, hilfreiche Menschen powern sich
bei Überlastung völlig aus, weil sie nicht nein sagen können. Ge-
naue Menschen können pedantisch werden und kreative Menschen
können sich vor lauter neuen Ideen nicht mehr auf die Umsetzung
aktueller Projeke konzentrieren. Extreme sind ungesund, und Sie
holen das Schlechteste und nicht das Beste aus uns heraus. Gerade
jene Eigenschaften, die normalerweise unsere Stärken sind, können
dann zu unseren Schwächen werden. Deshalb ist es wichtig, auf
die eigenen Signale zu horchen und einzugehen. Falls Sie mit Ihrem
Verhalten unter Druck immer wieder an Grenzen stoßen, sollten
Sie diesen Ratschlag beherzigen und an sich arbeiten.

**Originale kennen ihre Stärken und achten darauf,
dass sie nicht zu ihren Schwächen werden.**

Sein statt Schein

„Kluge Leute können sich dumm stellen,
das Gegenteil ist schwieriger."

Kurt Tucholsky

Ist es nicht spannend, wie einzigartig und unverwechselbar jeder von uns ist? Warum ist das manchen nicht genug?

Wir alle kennen Menschen, die zunächst einen durchaus sympathischen und echten Eindruck auf uns gemacht haben. Später überkommt uns dann jedoch das Gefühl, dass hier viel mehr Schein als Sein vorhanden ist. Sie übertreiben, zeigen ständig auf, was sie schon alles erreicht haben, und brauchen viel Bestätigung. Wann übertreiben Menschen? Immer dann, wenn sie ein schwaches Selbstbewusstsein haben und mit der Übertreibung oder „fremden Federn" eine vermeintliche Aufwertung ihrer Person erreichen. Unser Selbstvertrauen gründet ja auch darauf, wie wir in der Gesellschaft angesehen werden, und Vergleiche sind hier leider an der Tagesordnung. Wichtiger ist jedoch, dass Sie sich selbst akzeptieren und Ihre Stärken schätzen. Sie sind ein wertvoller Mensch, Sie haben Ihren Platz in der Gesellschaft und müssen nichts vortäuschen oder übertreiben, um angenommen zu werden. Falls doch, befinden Sie sich in keiner guten Gesellschaft. Dann macht es mehr Sinn, sich über die Umgebung als über die eigene Person Gedanken zu machen. Und übrigens:

Erfolg steigt nur dann zu Kopf, wenn dort
der erforderliche Hohlraum vorhanden ist.

Warum Ich-Marketing

Wie sieht Ihre Marke aus?

Wie wird sie unverwechselbar?

Woran erkennt man sie?

Wie wirken Sie auf andere?

CLEVER

Optimieren Sie Ihren Auftritt

Warum Ich-Marketing?
Menschen sind Marken

„Marken leben von Emotionen, von Gesichtern und Geschichten. Ich erzähle Geschichten und werde einmal zur Geschichte ..."

Johannes Gutmann

Wer ist für Sie ein bekanntes und erfolgreiches Original? Welche Persönlichkeit fällt Ihnen spontan ein?

Echte Originale haben eines gemeinsam: Sie fallen angenehm auf. Sie wechseln nicht ständig ihre Ansichten und Meinungen, sondern sagen, was sie denken, und vertreten ihre persönlichen Ansichten und Werte nachhaltig. Sie haben eine bestimmte äußere Erscheinung und ein einzigartiges Auftreten. Je ungewisser und unsicherer die allgemeine Wirtschaftslage ist, desto mehr wächst die Sehnsucht nach Vertrautem. Nach Menschen, die nicht jeden Tag ihre Meinung und ihr Image ändern. Originale bleiben sich selbst treu und wecken deshalb nicht nur unsere Aufmerksamkeit, sondern auch unser Vertrauen. Bekannte Unternehmensmarken sind deshalb so erfolgreich, weil Sie eine langfristig gleichbleibende Qualität und ein unverkennbares Auftreten haben. Wenn man sich einmal für eine Marke entschieden hat, erspart das weitere Überlegungen beim nächsten Einkauf.

In einer Welt, in der sich ständig alles ändert, sind Marken deshalb ein sicherer Hafen. Auch wenn alles andere sich ändert – sie bleiben gleich. Diese Tatsache kann man auch im Bereich des Selbstmarketing nutzen.

Auch Sie stellen eine bestimmte Marke dar. Mit Ihrer Persönlichkeit, Ihrem Auftreten, Ihrem Verhalten, Ihren Entscheidungen, Ihren Werten und sogar Ihren Motiven. Das Ergebnis ist ein unverwechselbares Auftreten, das bei manchen Menschen gut, bei anderen weniger gut sichtbar ist. Und nun raten Sie einmal, wer langfristig erfolgreicher sein wird. Der Sichtbare oder der Unsichtbare?

Verstehen Sie diese Aussage nicht falsch. Es geht nicht darum, dass man nur erfolgreich ist, wenn man ständig in den Medien präsent ist oder ununterbrochen Marketingaktivitäten setzt, um sichtbar zu sein. Das wäre nur für einen kleinen Teil der Menschheit zielführend und auch machbar. Es geht vielmehr darum, mit seiner Persönlichkeit und seinen Talenten dort gesehen zu werden, wo man wahrgenommen werden will. Je nachdem, was Sie vorhaben, wird deshalb die Positionierung Ihrer Person als eigenständige Marke mithilfe von Ich-Marketing unterschiedlich aussehen.

In der gegenwärtigen Arbeitswelt ist es notwendig, sich ein Profil zu schaffen, um überhaupt als potenziell interessant eingestuft zu werden. Unabhängig davon, ob Sie als Unternehmer bekannt werden möchten oder als Führungskraft mit einem klaren Profil Vertrauen schaffen wollen; oder ob Sie einen Berufswechsel anstreben und ein interessantes neues Aufgabengebiet suchen, in dem Sie Ihre Talente und Stärken optimal einbringen können.
Falls Sie in Zukunkt erfolgreicher am Markt tätig sein wollen, präsentieren Sie sich mit einem klaren Profil: Ihrer Marke!

Echte Originale sind wie bekannte Marken.
Man vertraut ihnen, deshalb sind sie so erfolgreich.

Wie sieht Ihre Marke aus?
Original heißt echt

„Wer nach allen Seiten offen ist,
kann nicht ganz dicht sein."
                                    Kurt Tucholsky

Wofür stehen Sie als Mensch in Ihrem Umfeld? Woran sollen Sie erkannt werden? Warum sind Sie die erste Wahl?

Tatsächlich haben wir alle schon einen bestimmten Ruf und stellen bereits eine Marke mit bestimmten Eigenschaften, Fähigkeiten und Stärken dar. Sehr oft hat diese Marke allerdings noch kein klares Profil. Das hat zur Folge, dass wir von anderen manchmal falsch eingeschätzt werden. Wir Menschen tendieren dazu, andere bereits anhand von wenigen Anhaltspunkten in eine bestimmte Schublade zu stecken. Und darin bleiben diese dann auch für alle Zeiten, sofern nicht ein gravierender Grund besteht, diese Einschätzung zu ändern. Das erfolgt oft nicht einmal nach bewussten Kriterien, sondern unbewusst aufgrund einer Vielzahl von Informationen, die unser Gehirn freundlicherweise vorab aufbereitet und bewertet, ohne dass es uns bewusst wird. Wie schnell kann da eine voreilige Einschätzung passieren, die Sie vielleicht auf immer und ewig dazu abstempelt, der „langweilige IT-Experte" oder die „pedantische Chefin" zu sein. Dabei entspricht das nicht Ihrem Naturell.

Wie wollen Sie denn gern erkannt werden? Als authentisch und echt, oder nicht? Entspricht das Ihrem derzeitigen Ruf? Nein? Dann schaffen Sie sich einen neuen, der Ihnen gerecht wird. Bauen Sie ein, was Sie bereits über sich wissen: In den vorangegangenen Kapiteln haben Sie einiges über Ihre Persönlichkeit und Ihre Fähigkeiten erfahren. Jetzt ist es an der Zeit, klar festzulegen, welche der Fähigkeiten für Ihre beruflichen Ziele wichtig sind und für welche

Werte Sie weiterhin stehen möchten. Nehmen Sie Ihre Antworten aus dem Verhaltenstest und Ihre Werte nochmals zur Hand. Überprüfen Sie diese anhand folgender Fragen:

➡ *Was kann ich besonders gut?*
Welche Leistung ist typisch für mich? Welche einzigartige Problemlösung biete ich?

➡ *Was genau kann ich besser als andere?*
Zum Beispiel eine außergewöhnliche Kombination an Fähigkeiten, die einen besonderen Nutzen stiften.

➡ *Wofür werde ich gelobt? Wo hatte ich tolle Erfolge?*
Was habe ich bereits erreicht in meinem Leben? Was war auffällig? Was finden andere bemerkenswert?

➡ *Was schätzen andere an mir als Person?*
Zum Beispiel bestimmte Werte, Einstellungen und Persönlichkeitseigenschaften.

➡ *Wo fühle ich mich selbst am wohlsten?*
Wo muss ich mich nicht verbiegen? Auf welchem Gebiet fühle ich mich sicher?

Schreiben Sie die Antworten auf diese Fragen auf kleine Blätter – für jedes Persönlichkeitsmerkmal und für jede Fähigkeit nehmen Sie ein eigenes Blatt. Legen Sie in die Mitte eines Tisches einen Zettel mit der Beschriftung „ICH", alle anderen Zettel legen Sie je nach Wertigkeit nahe zur Mitte oder weiter weg. Alles, was nahe an Ihr „ICH" darf, ist auch vom Gefühl her das, was Sie in Zukunft gern über sich kommunizieren möchten, stimmt's?
Versuchen Sie nun, diesen Mix aus Stärken und Eigenschaften möglichst kurz und prägnant in wenigen Sätzen zusammenzufassen. Damit erhalten Sie eine klare Aussage zu Ihrer Marke „ICH". Danach sollten Sie sich folgende Fragen stellen:

➔ *Was möchte ich erreichen? Was ist mein Ziel?*
Will ich meine Bekanntheit erhöhen, ein neues Image aufbauen oder neue Informationen zu meiner Marke kommunizieren?

➔ *Wie sieht der derzeitige Markt für mein Angebot aus?*
Gibt es ähnliche Unternehmen mit der gleichen Geschäftsidee? Jobangebote in meinem oder anderen Unternehmen für mein spezielles Kompetenzen-Profil?

➔ *Wen möchte ich konkret ansprechen?*
Potenzielle Kunden, Netzwerkpartner, Arbeitgeber oder Multiplikatoren, die mich weitervermitteln? Wie kann ich frühere Kontakte dazu nutzen?

Je nachdem, was Sie erreichen wollen, sind unterschiedliche Maßnahmen erforderlich. Einige Ideen für eine bessere Kommunikation der Marke finden Sie in den nächsten Kapiteln. Davor sollten Sie jedoch eine Strategie festlegen, wie Sie die obengenannten Ziele erreichen können, wer Ihnen dabei helfen kann, ob Sie noch zusätzliche Informationen benötigen oder ob Sie bereits den richtigen Weg eingeschlagen haben.

Überprüfen Sie regelmäßig, ob Sie immer noch einen klaren Fokus auf einige wenige Stärken haben, die Sie nach außen kommunizieren. Denn:

**Je klarer Ihr Fokus,
umso klarer Ihre Marke!**

Wie wird sie unverwechselbar?
Einzigartigkeit

„Eine Marke, ein Produkt oder eine Dienstleistung, die keine Emotionen auslöst, ist für das Gehirn sinn-, wert- und bedeutungslos."

Hans-Georg Häusel

Denken Sie an ein bekanntes und erfolgreiches Original. Warum ist Ihnen dieser Mensch sofort eingefallen?

Einzigartigkeit liegt uns im Blut. Charles Darwin hat entdeckt, dass sich Organismen immer schon spezialisiert haben, um besser zu überleben. Auch Sie sollten sich überlegen, was Sie und Ihre Marke einzigartig macht. Hier können einige Anregungen aus dem anglo-amerikanischen Raum helfen:
„Booster" ist die englische Bezeichnung für einen Verstärker. Wichtige Verstärker für den Erfolg Ihrer Marke sind Ihre „Points of Difference": jene Fähigkeiten, Talente oder Eigenschaften, die Sie von anderen unterscheiden oder die andere in diesem besonderen Mix nicht bieten können. In Fachkreisen spricht man dann auch von der „Uniquability": der Fähigkeit eines Menschen, einzigartige Stärken nutzbringend einzusetzen. Falls Sie es dann auch noch schaffen, diese so am Markt zu präsentieren, dass Sie im Vergleich zu den Mitbewerbern einzigartig sind, spricht man von der „Unique Selling Proposition" (USP).

Genauso wichtig ist die „Emotional Selling Proposition" (ESP): die Fähigkeit, sich in unser Gegenüber hineinzuversetzen und den anderen emotional anzusprechen. Nicht erst seit dem Bestseller „Emotionale Intelligenz" von Daniel Goleman wissen wir: Wollen wir langfristig Erfolg haben, müssen wir auch das emotionale Alphabet unserer Mitmenschen beherrschen. Sie „boosten" sich und Ihre Marke, indem Sie bei der Kommunikation Ihrer Marke darauf achten, andere auch emotional anzusprechen.

Heinz Zak hat bspw. nicht nur das Talent zum Klettern, sondern auch das Durchhaltevermögen, das es braucht, um außergewöhnliche neue Wege gehen zu können. In seinen mitreißenden Vorträgen erzählt er viel über seine persönlichen Eindrücke und Erfahrungen. Damit schafft er es, die Zuschauer emotional zu fesseln.

Falls Sie hier besonders treffsicher arbeiten möchten, sollten Sie sich nochmals die Erkenntnisse von Hans-Georg Häusel im Kapitel „Emotionen und mehr" ansehen. Er empfiehlt, Marketing aus Sicht des Gehirns zu machen, da ein Großteil unserer Entscheidungen unbewusst aufgrund unserer Emotionssysteme getroffen wird. Demnach entscheiden wir uns immer in Abhängigkeit von den gerade vorherrschenden Balance-, Dominanz-, Stimulanz-, Bindungs- oder Fürsorge-Gefühlen. Und auch diese Stimmungslage ändert sich mit den Umständen wie bspw. dem Alter oder Geschlecht:

Je jünger wir sind, desto eher reagieren wir auf Stimulanz-Booster (z.B. Action). Je älter wir werden, desto weniger Testosteron (Dominanz) und Dopamin (Stimulanz) schütten wir aus, wir tendieren dazu, Unsicherheiten zu vermeiden, und halten uns eher an Balance-Booster (z.B. Sicherheit). Männer streben eher nach Dominanz und Abenteuer; Frauen eher nach Balance, Fürsorge und Bindung. Aber auch hier gibt es viele Ausnahmen.

**Stärken, Ecken, Kanten und Emotionen
machen Sie zur unverwechselbaren Marke.**

Woran erkennt man sie?
Klare Botschaften

„Beginnend mit der alten Lederhose, meinen roten Schuhen und Brillen, bin ich als Mensch das Gesicht zur Marke Sonnentor geworden."

Johannes Gutmann

Johannes Gutmann ist originell, weil er seinen eigenen Stil pflegt, ohne sich für andere zu verbiegen. Und Sie?

Sie werden nicht automatisch zum Original, wenn Sie einfach nur die Optik ändern und das Ergebnis gar nicht zur eigenen Persönlichkeit passt. Sie werden Beispiele kennen von Menschen, die ein besonderes Talent haben, dieses mit viel Fleiß und Willen perfektioniert haben, jede Menge Werbung betreiben und trotzdem nicht erfolgreich sind. Warum? Weil sie es nicht schaffen, ihre Stärken echt und authentisch zu präsentieren. Es reicht nicht aus, darauf zu hoffen, dass jemand anders die eigenen Talente entdeckt. Falls Sie nichts dem Zufall überlassen wollen, sollten Sie sich eingehend mit folgenden Fragen beschäftigen:

→ *Was sollen andere Menschen über Sie wissen?*
Die wichtigsten Fakten über Ihre Kernkompetenzen.

→ *Wann sollen andere an Sie denken?*
Immer, wenn Ihre spezielle Problemlösung gefragt ist.

→ *Wie möchten Sie andere ansprechen?*
Direkte Kontakte, Netzwerke nutzen, Internet-Karriereportale, Homepages, Blogs, Tweets etc.

Fragen Sie sich auch, was anderen nach einer Begegnung mit Ihnen in Erinnerung bleiben soll. Sympathie? Kompetenz? Eine interessante Geschichte über Sie und Ihr Angebot?

Stellen Sie sich vor, Sie steigen mit einem Menschen, der für Sie beruflich wertvoll werden könnte, in einen Aufzug. Im Marketing kennt man ein einfaches Instrument, um sich in dieser kurzen Zeit – vielleicht 20 oder 30 Sekunden – optimal zu präsentieren: Der „Elevator Pitch" ist eine kurze, einprägsame Präsentation Ihrer Marke, Ihres Angebots bzw. Ihrer Geschäftsidee. Erzählen Sie in wenigen Worten, was Sie können, welchen besonderen Nutzen Sie bieten und was Sie von anderen unterscheidet. Bleiben Sie bei einfachen Aussagen, arbeiten Sie mit Bildern und Vergleichen und versuchen Sie, das Gegenüber emotional anzusprechen. Übertreiben Sie nicht, bleiben Sie authentisch und bieten Sie bei Interesse (aber nicht aufdringlich) Ihre Visitenkarte an. Die bekannte AIDA-Marketingformel ist hier gut einsetzbar:

→ *Attention:*   *Versuchen Sie, Aufmerksamkeit zu erregen*
→ *Interest:*   *Echtes Interesse beim Gegenüber wecken*
→ *Desire:*   *Den Wunsch wecken, mehr zu erfahren*
→ *Action:*   *Konkrete Handlung (Kontakt) erzeugen*

Sie haben Ihr Ziel nicht erreicht, wenn Sie nur Aufmerksamkeit erregen. Sie sollten bei Ihrem Gegenüber konkret den Wunsch wecken, Sie näher kennenzulernen. Und Sie sollten es ihm leichtmachen, mit Ihnen später bei Bedarf in Kontakt zu treten.

**Besser das Zebra unter 100 Pferden sein.
Aber nur, wenn man wirklich ein Zebra ist.**

Wie wirken Sie auf andere?
Charisma-Irrtümer

„Es gibt schweigsame Menschen,
die interessanter sind als die besten Redner."
Benjamin Franklin

Was ist Charisma? Wer ist charismatisch? Warum? Ist Charisma erlernbar und ist es wichtig für Ihren Erfolg?

Im Allgemeinen versteht man unter Charisma die besondere Ausstrahlung eines Menschen. Früher hätte man gesagt, charismatische Menschen haben die Fähigkeit, mit ihrer Ausstrahlung andere Menschen zu überzeugen. Man war auch der Ansicht, dass diese durch ihren Charme, ihre Attraktivität oder Anziehungskraft mehr Erfolg im Leben hätten. Mittlerweile gibt es aber auch Psychologen, die festgestellt haben, dass einige besonders charismatische Menschen auch narzisstische und selbstverliebte Züge aufweisen. Da wir andere Menschen oft dann als charismatisch erleben, wenn sie so sind, wie wir gerne wären, eröffnet sich hier auch die Möglichkeit zur Manipulation. Man wird schnell zum Anhänger und übernimmt, was das Vorbild vorlebt und empfiehlt. Nicht ganz ungefährlich, oder?

Ein anderer Ansatz besagt, dass Menschen dann charismatisch sind, wenn Ausstrahlung und Auftreten stimmig und authentisch sind. Man macht sich und anderen nichts vor und strahlt auch das aus, was man selbst über sich denkt. Sagt Ihnen dieser Ansatz auch mehr zu? Hier können Sie ihn überprüfen:

→ *Sie kennen sich und Ihre Stärken und treten offen und ehrlich auf.*

→ *Sie akzeptieren Ihre Schwächen und versuchen nicht, diese zu verbergen.*

→ *Sie leben nicht nach dem Motto „Nimm mich, wie ich bin", sondern nehmen Rücksicht auf andere.*

→ *Sie sind empathisch, können sich also gut in andere Menschen einfühlen und darauf reagieren.*

→ *Sie glauben das, was Sie sagen, und zeigen in Ihrem Handeln, dass Sie es auch anwenden.*

Neuropsychologen sprechen von Hundertstelsekunden, in denen wir uns unbewusst eine erste Meinung über andere Menschen bilden. Unmittelbar danach kategorisieren wir sie bereits in „sympathisch" oder „unsympathisch", „kompetent" oder „inkompetent", „vertrauenswürdig" oder nicht. Manche Menschen kommen in einen Raum und erhalten sofort unsere Zustimmung. Warum?

Menschen, die uns vertrauenswürdig, sympathisch und kompetent erscheinen, wertet unser Gehirn als „Nicht-Bedrohung". Nachdem wir ständig verschiedensten Bedrohungen ausgesetzt sind, tut es gut, wenn wir zumindest das aktuelle Gegenüber als potenziellen Freund einschätzen können. Wirken Sie auf andere vertrauenswürdig, sympathisch und kompetent? Es ist sinnvoll, sich zu vergewissern, welchen Eindruck Sie hinterlassen. Sie würden sich wundern, wie oft sich das Selbstbild vom Fremdbild unterscheidet. Dazu haben Sie bereits einige Anregungen im Kapitel „Was macht Sie einzigartig" erhalten.

Hier finden Sie einige Tipps, wie Sie Ihren Auftritt verbessern können, ohne sich verbiegen zu müssen:

→ *Treten Sie mit anderen in Blickkontakt.*

→ *Lächeln Sie, falls es die Situation bereichert.*

→ *Achten Sie auf einen entspannten Körper.*

→ *Achten Sie auch auf die Körpersprache des anderen. Ist er gestresst oder abgelenkt?*

→ *Reden Sie mit klarer Stimme.*

→ *Nennen Sie selbstbewusst Ihren Namen.*

→ *Wir mögen Menschen, die uns mögen: Mit aktivem Zuhören und echtem Interesse geben Sie anderen das Gefühl, wertvoll zu sein. Damit werden auch Sie ein wertvoller Mensch für andere.*

Manche Menschen machen den Fehler, sich selbst zu oft und aufdringlich zu präsentieren, und verwechseln dies mit charismatischem Auftreten. Der Effekt ist das Gegenteil von positiver Aufmerksamkeit. Der amerikanische Medienwissenschaftler Joshua Meyrowitz hat festgestellt, dass in diesem Fall der Respekt vor einer Person sinkt, weil Charisma und Aura auch eine gewisse Distanz und Unsichtbarkeit voraussetzen. Der Respekt sinkt auch vor Menschen, die uns nur etwas vorspielen. Charisma kann man nicht vortäuschen. Bleiben Sie lieber echt.

Fake it till you make it? (Vortäuschen statt Können?)
Ehrlich währt am längsten.

Echtes Charisma

„Ein Licht, das von innen leuchtet,
kann niemand löschen."
Kubanisches Sprichwort

Wann begeistern Sie andere Menschen? Was machen Sie dann gerade? Wie kommt das bei Ihrem Gegenüber an?

Wir mögen Menschen, die mit echter Begeisterung von ihrem Beruf sprechen. Ihre Augen fangen an zu funkeln, wenn Sie beispielsweise erzählen, wie sie einem Kunden geholfen haben, ein Problem zu lösen. Diese Begeisterungsfähigkeit entsteht immer dann, wenn wir Dinge tun, die uns wertvoll erscheinen und uns positiv stimmen. Wir sind dann ehrlich von einer Sache überzeugt und können auch andere Menschen dafür begeistern. Machen Sie sich auf die Suche danach, wann Sie das „Funkeln in den Augen" bekommen. Über welches Thema sprechen Sie dann, über welche Aspekte Ihres Berufes oder Ihres Unternehmens? Das sind die Bereiche, in denen Sie andere Menschen im wahrsten Sinne des Wortes be-eindrucken! Hier wecken Sie Begeisterung und gewinnen damit Kunden, Kollegen oder Partner für Ihre Ideen. Letztendlich ist man authentisch und charismatisch, wenn man sich selbst mit seinen Stärken und Schwächen akzeptiert, eine gute Leistung erbringt und sich nicht ständig von den Rückmeldungen anderer abhängig macht. Albert Einstein hat dies gut formuliert:

Persönlichkeiten werden nicht durch schöne Reden,
sondern durch Arbeit und Leistung geformt.

HANDELN

Nutzen Sie Ihre Chancen

Was ist Erfolg?
Sieben Milliarden Definitionen

„Ich denke, Erfolg ist sehr komplex und muss jeder für sich selbst definieren. Erfolg per se ist ja kein Ziel, sondern eher der Weg dahin."

Sarah Wiener

„Aus Eindrücken, Fragen, Zuhören, Empfindungen erfolgen Aktionen und Reaktionen. Erfolg bedeutet für mich, was daraus erfolgt und ob ich fleißig genug war, um davon leben zu können. Mich hat am Anfang als Arbeitsloser niemand gebraucht und was Sonnentor jetzt ist, ist daraus erfolgt."

Johannes Gutmann

Gefallen Ihnen diese Definitionen von Erfolg? Was bedeutet für Sie Erfolg? Etwas ganz anderes?

Es gibt ungefähr sieben Milliarden Menschen und damit genau so viele Definitionen von Erfolg auf dieser Erde. Dies sind nur zwei davon und wahrscheinlich decken sie sich nicht exakt mit Ihrer Vorstellung von Erfolg, oder? Überlegen Sie sich, ob Sie sich selbst als erfolgreich einstufen würden und woran Sie selbst und andere Ihren Erfolg erkennen. Meist wird von Erfolg gesprochen, wenn man ein selbst gesetztes Ziel erreicht. Viele von uns laufen unerreichbaren Zielen anderer Menschen hinterher, ohne zu überlegen, dass sie selbst eigentlich mit anderen Ergebnissen glücklicher wären. Glücksforscher wissen schon längst: Jeder ist seines Glückes Schmied. Deshalb ist es wichtig, für sich selbst zu entscheiden, wie es weitergehen soll. Fragen Sie sich:

➔ *Was möchte ich in meinem Leben noch erreichen?*

➔ *Warum möchte ich diese Ziele erreichen?*

➔ *Welche Rahmenbedingungen wünsche ich mir?*

➔ *Was genau muss ich ändern, um das zu erreichen?*

➔ *Wer wird mir dabei helfen?*

➔ *Wann möchte ich diese Ziele erreicht haben?*

Im Grunde wollen wir alle nur das tun, was wir am liebsten tun und am besten können, und dafür auch Geld und nach Möglichkeit positives Feedback von anderen Menschen bekommen. Dann fühlen wir uns gut und sehen auch Sinn in unserer Arbeit und im Leben. Deshalb lautet die wichtigste Frage zum Thema „Ziel": Wem kann ich mit meinem Können am besten helfen?

Zudem sollte einem klar sein, dass es nicht darum geht, immer schneller zu sein und höher hinauszukommen. Erfolg zeigt sich auch darin, dass man mit viel Energie und Freude seine Arbeit macht. Oder dass man mit seiner Leistung ein hohes Maß an Sicherheit und Zufriedenheit erreicht. Studien beweisen, dass Menschen ab einem gewissen Einkommen nicht mehr glücklicher werden. Vielmehr geht es darum, das Beste aus seinem Leben zu machen und das Hier und Heute wahrzunehmen und zu genießen.

Erfolg ist etwas höchst Persönliches.
Wichtig ist, was SIE als Erfolg bewerten.

Glück oder Wohlbefinden?

„Erfolg ist nicht der Schlüssel zum Glücklichsein. Glück-
lichsein ist der Schlüssel zum Erfolg. Wenn du das, was du
tust, liebst, wirst du erfolgreich sein."

Albert Schweitzer

Was macht Sie glücklich und zufrieden? Und welche Ziele anderer
Menschen in Ihrer Umgebung hindern Sie daran?

Glück bedeutet für jeden etwas anderes: zufrieden, froh, freudig
oder sogar fröhlich, lustig, heiter oder gut gelaunt zu sein. Für die
einen gehört zu Glück und Zufriedenheit, gesund und entspannt
zu sein; das Gefühl zu haben, das Richtige zu tun; keine finanziellen Sorgen zu haben; oder einfach nur Zeit zu haben, auf den
nächsten Berggipfel zu gehen. Für die anderen heißt es, erfolgreich
und anerkannt zu sein, viele Freunde zu haben oder das Geld und
die Freiheit zu besitzen, die Welt zu erobern.

Je stärker wir unsere Grundmotive und Werte befriedigen können,
desto höher ist unser Zufriedenheitsgrad. Werden sie nicht erfüllt,
sind wir unbefriedigt und entwickeln negative Gefühle. Negative
Gefühle sind schädlich, sie können sogar dazu führen, dass unser
Immunsystem beeinträchtigt wird, wie Wissenschaftler mittlerweile in Tests nachweisen können. Und sie sind ansteckend. Wenn Sie
Ihrer Umgebung vorjammern, dass Ihnen Ihre Arbeit nicht gefällt,
ziehen Sie auch Ihre Umgebung hinunter. Das hilft keinem. Stattdessen sollten Sie versuchen, diese Probleme konstruktiv zu lösen.

Fangen Sie damit an, regelmäßig Ihr Gehirn auszumisten. Fragen
Sie sich, ob aktuelle Gedankengänge Sie oder andere in irgendeiner
Form weiterbringen. Falls nein – weg damit.
Fragen Sie sich, ob sich in Ihrer Umgebung „Energieräuber" ein-
genistet haben. Diese schaffen es regelmäßig, Ihnen Ihre Energie

zu rauben, ohne etwas zurückzugeben, und tragen nicht dazu bei, Ihr Glück zu steigern. Dann überlegen Sie sich, ob Ihre derzeitigen Ziele auch mit Ihren Grundmotiven übereinstimmen.

Ihr Ziel ist zum Beispiel mehr Freizeit, doch Ihr in der Kindheit verankertes Leistungsmotiv zwingt Sie dazu, ständig am Wochenende zu arbeiten, auch wenn das gar nicht erforderlich wäre? In diesem Fall sollten Sie Ihre Ziele gründlich überprüfen: Befriedigen Sie damit Ihre Bedürfnisse oder nur jene anderer? Sie können auch ein Ziel, das Sie nicht ändern können, so umformulieren, dass Sie es lieber verfolgen können. Sie wollen zum Beispiel eine Zusatzausbildung abschließen, müssen dafür aber jede Menge Zeit opfern? Sehen Sie das nicht als Opfer, sondern als die beste Investition, die Sie jemals getätigt haben.

Der bekannte Glücksforscher Martin Seligman hat seine erst 2002 veröffentlichte „Theorie des Glücks" gründlich überarbeitet. Früher beinhaltete seine Theorie drei Elemente: Positive Emotionen, Engagement und Sinn führten demnach zu Glück. Heute denkt er anders darüber und sagt, dass positive Emotionen, Beziehungen, Sinn und Leistungen zu Wohlbefinden führen. Vielleicht sollten auch wir „Wohlbefinden" statt des schwer definierbaren „Glücks" als Ziel in Betracht ziehen?

Glück und Wohlbefinden bedeuten für jeden etwas anderes. Was führt bei Ihnen zu Wohlbefinden?

Was ist Ihr Ziel?
Glück braucht Orientierung

„The only way to do great work is to love what you do.
If you haven't found it yet, keep looking. Don't settle. As
with all matters of heart, you'll know when you find it."

Steve Jobs

Warum brauchen wir manchmal Ziele? Wieso können wir nicht einfach nur so in den Tag hineinleben?

Aristoteles hat festgestellt, dass wir Menschen ohne Ziele langfristig nicht glücklich werden. Wenn wir uns Ziele setzen und erreichen, fühlen wir uns gut und finden Sinn. Wenn wir uns keine Ziele setzen, machen das womöglich andere für uns und wir müssen nach deren Pfeife tanzen. Fragen Sie sich deshalb regelmäßig, ob Ihre Ziele noch stimmig sind. Tatsache ist: Was Sie heute erleben, ist das Ergebnis Ihrer Taten. Wer immer das Gleiche tut, wird auch immer das Gleiche erreichen. Schön, wenn das genau das ist, was Sie wollen.

Es gibt Zeiten im Leben, in denen man sich auch mal treiben lassen sollte. Oft sind das Übergänge zwischen wichtigen Lebensabschnitten; der eine Abschnitt ist noch nicht ganz vorbei, und man weiß noch nicht, wie man den neuen starten soll. Genießen Sie solche „Auszeiten" und setzen Sie sich dann auch nicht zu sehr unter Druck. Es braucht manchmal Zeit, um sich wieder neu zu orientieren. Früher oder später kommt der Zeitpunkt, sich festzulegen und neue Ziele zu setzen. Dann sind die folgenden Informationen hilfreich. Unsere Ziele hängen von verschiedenen Umständen ab: Mit zwanzig ist Ihr Ziel wahrscheinlich eine gute Berufsausbildung zu absolvieren, mit dreißig vielleicht eine Familie zu gründen, mit vierzig könnte es finanzielle Unabhängigkeit sein, mit fünfzig haben Sie vielleicht Lust, die Welt zu sehen, und mit sechzig, einen Beitrag für die Gesellschaft zu leisten.

Überlegen Sie sich, welche Ziele Sie in einem Jahr, in drei Jahren, in zehn Jahren erreicht haben wollen. Eine einfache, aber wirksame Methode dazu ist eine kleine Zeitreise: Stellen Sie sich vor, es ist ein Jahr vergangen; es ist frühmorgens, Sie stehen auf, und dann sehen Sie Ihren Tag wie in einem Film ablaufen. Folgende Fragen helfen Ihnen dabei, diese einfache Visualisierung durchzuführen:

→ *Wo wachen Sie auf? In welchem Haus?*

→ *Wann stehen Sie auf? Um wie viel Uhr?*

→ *Wie fühlen Sie sich dabei? Sind Sie entspannt und locker? Freuen Sie sich auf den Tag?*

→ *Wie frühstücken Sie? Allein oder mit Familie?*

→ *Gehen oder fahren Sie zur Arbeit? Oder erledigen Sie diese zu Hause?*

→ *Sind Sie angestellt oder selbständig?*

→ *Wie sieht die Tafel auf dem Firmenschild aus?*

→ *Welche Leistungen bzw. Produkte bieten Sie an?*

→ *Welche Kunden kommen zu Ihnen?*

→ *Wie zufrieden fühlen Sie sich bei der Arbeit?*

→ *Wann machen Sie Mittagspause und wie lange?*

→ *Wie lange arbeiten Sie an diesem Tag?*

→ *Wie und mit wem verbringen Sie Ihre Freizeit?*

Je detaillierter Sie sich diesen Tag vorstellen, desto effektiver ist diese Übung. Sie unterstützt Sie dabei, Ihre Wünsche zu erkennen und diese auch zu akzeptieren. Wenn Sie sich den Tag mit allen Sinnen vorstellen, programmieren Sie sich selbst und Ihr Unbewusstes auch auf dieses Ziel hin. Falls Ihr Wunschtag immer wieder bei bestimmten Stellen „hängen" bleibt, forschen Sie nach, was Sie hemmt. Werte, Einstellungen oder Forderungen Ihrer Mitmenschen? In der Folge können Sie die zur Erreichung der Wünsche nötigen Ziele herausarbeiten, damit dieser Tag auch wirklich eintreten wird. Sie sehen sich an diesem Tag als Selbständiger? Dann überlegen Sie sich, in welcher Branche und mit welchem Angebot Sie sich selbständig machen können. (Weitere Infos dazu später.) Sie haben an diesem Tag mit begeisterten Kunden zu tun? Dann überlegen Sie sich, wie und mit welchem Zusatznutzen Sie diese Begeisterung wecken können oder wie Sie Ihre persönliche Motivation steigern können.

Ganz egal, wie Ihr Ziel aussieht, es kann gar nicht groß genug sein. Allerdings kann es zu kurze Fristen geben. Also geben Sie sich und Ihrem Ziel auch genügend Zeit und damit die Chance, es zu erreichen – mit kleinen motivierenden Zwischenschritten und mit großen Etappenzielen. Setzen Sie jeweils vorab eine Belohnung für die Erreichung des Ziels fest. Auch wenn Sie in diesem Fall intrinsisch motiviert sind (das Erreichen selbst ist genug Motivation), eine extrinsische Motivation (Belohnung) wirkt oft Wunder. Für die einen ist das eine Wanderung auf den nächsten Berggipfel, für die anderen ein Shopping-Ausflug in die Stadt. Wichtig ist nur, dass Sie die Belohnung nicht vergessen. Wenn Sie Ihre Leistungen nicht selbst genügend würdigen, werden das auch andere nicht tun.

Glück braucht Zeit und Orientierung.
Zeigen Sie ihm, wo es langgeht.

Wie starten Sie Ihre Karriere?
Es ist nie zu spät

*„Bleiben Sie neugierig, realisieren Sie Ihre guten Ideen,
und füllen Sie Ihre Tage mit Leben und nicht Ihr Leben
mit Tagen."*

Richard David Precht in:
„Wer bin ich – und wenn ja, wie viele?"

Sie haben das Gefühl, Ihr jetziger Job füllt Sie nicht mehr richtig
aus? Vielleicht sind Sie darüber hinausgewachsen?

Oft haben unsere Berufsentscheidungen mehr mit dem aktuellen
Stellenangebot oder Aufträgen zu tun als mit den eigenen Talenten. Wir haben als Jugendliche nicht immer die Möglichkeit, jene
Ausbildung zu absolvieren, die uns wirklich fasziniert und interes-
siert. Später sind es auch nicht immer die perfekten Jobs, die einem
angeboten werden. Falls Sie mit Ihrer derzeitigen beruflichen Situation permanent unzufrieden sind, sollten Sie darüber nachdenken, ob ein Umstieg bzw. eine Umschulung möglich und für Ihre
langfristige persönliche Zufriedenheit erforderlich ist. Handeln Sie
nicht unüberlegt. Prüfen Sie Vor- und Nachteile und setzen Sie sich
klare Ziele mit umsetzbaren Strategien. Vielleicht haben Sie auch
das Gefühl, auf der Stelle zu treten. Sie kennen Ihre Stärken und
haben festgestellt, dass Sie mit Ihrer Persönlichkeit und Ihren Fähigkeiten am falschen Platz sind.
Finden Sie eine Aufgabe, in der Sie möglichst viele Ihrer Potenziale
nutzen können, dann werden Sie auch langfristig erfolgreicher und
zufriedener sein. – So die Empfehlungen vieler Ratgeber. Was soll
man allerdings tun, wenn sich ein anderer Job bzw. eine selbstän-
dige Tätigkeit nicht realisieren lässt?

Fragen Sie sich, ob Ihre jetzige Arbeit möglicherweise Herausforderungen enthält, an denen Sie wachsen können. Falls Sie sich da-

von überfordert fühlen, überlegen Sie, ob nicht genau diese auch den Anreiz bieten könnten, sich weiterzuentwickeln. Sie haben zum Beispiel einen Vorgesetzten, der Sie immer mehr fordert? Vielleicht liegt es daran, dass er Sie nicht nur fordern, sondern auch fördern möchte und weiß, dass noch vieles in Ihnen steckt. Es könnte aber auch sein, dass Sie einfach nur zur falschen Zeit am falschen Ort sind, dann ist ein Wechsel in einen anderen Job vielleicht der richtige Ausweg.

Falls ein Wechsel in eine andere berufliche Position aufgrund persönlicher Voraussetzungen oder finanzieller oder sonstiger Verpflichtungen nicht möglich ist, sollten Sie versuchen, in der Freizeit Ihre Talente zu nutzen. Das bringt Anerkennung und Sie können die Talente vielleicht sogar ausbauen.

Eine weitere Möglichkeit wäre, die eigenen Stärken als selbständiger Unternehmer zu nutzen. Auch hier gibt es manchmal die Möglichkeit eines „sanften Umstiegs", indem Sie beispielsweise nebenberuflich ein Unternehmen starten. Das ist nicht in allen Branchen möglich, insbesondere dann nicht, wenn viele Investitionen zu tätigen sind. Aber in einigen Branchen ist es auch ohne große finanzielle Risiken realisierbar. Wir sind im Grunde Sicherheitsdenker, doch manchmal ist es notwendig, experimentierfreudig zu sein. Hier spielen aber auch die Lebensumstände eine Rolle. Falls Sie Verantwortung für eine Familie tragen, ist es sinnvoll, schrittweise aus der Berufung einen Beruf zu machen. Wenn Sie sehen, dass die neue Herausforderung auch nachhaltig Erfolg bringt, können Sie sich ganz diesem Standbein widmen.

Wenn Sie Ihren Job oder Beruf wechseln, sollten Sie darauf achten, dass Sie auch die Erfahrungen des alten Berufes „würdigen". Auch wenn es vielleicht schlechte Aspekte gab – irgendetwas lernt man in jedem Beruf. Diese Erfahrungen haben Sie immerhin zu dem gemacht, der Sie heute sind. Ansonsten könnte es passieren, dass Sie ständig nach neuen Herausforderungen suchen und in keinem Beruf Befriedigung finden. Falls Sie sehr viel Bestätigung und Lob brauchen, um sich bei der Arbeit angenommen zu fühlen, sollten Sie nachforschen, ob Sie in Ihrer Kindheit zu wenig Beachtung erhielten. Kein Vorgesetzter kann das ersetzen, was ein Erziehungsberechtigter oder Lehrer Ihnen vorenthalten hat. Diese Suche nach Bestätigung führt oft dazu, dass man ständig den Job wechselt, weil man das Gefühl hat, nicht genügend Anerkennung zu erhalten. Sie müssen sich selbst akzeptieren, nicht andere. Lob ist eine schöne Draufgabe, sollte jedoch nicht der Gradmesser dafür sein, ob Sie sich und Ihre Leistung als wertvoll anerkennen.

Falls Sie als Führungskraft das Gefühl haben, am falschen Platz zu sein, kann auch das verschiedene Ursachen haben. Oft kommen die eigenen Werte (Zeit, Familie) zu kurz und bremsen. Wer eine Führungsrolle übernimmt, muss sich im Klaren darüber sein, dass er führt und sich damit nicht mehr in die Reihe der Teammitglieder einfügt. Dazu braucht es Mut zur Einsamkeit, denn nicht jede Entscheidung führt dazu, dass alle gleich berücksichtigt werden können.

Falls Sie sich unsicher sind, wie es weitergehen soll, sollten Sie Ihre Situation aus der Vogelperspektive betrachten. Wie würde ein Außenstehender Ihre Situation beurteilen?

**Oft genügt der Wechsel der Blickrichtung,
um zu sehen, ob man richtig liegt.**

Über Karrierewege und Umwege

„Wege entstehen dadurch,
dass wir sie gehen."
Franz Kafka

Sie haben endgültig genug von Ihrem Job? Sie trauen sich aber nicht, zu kündigen? Was hält Sie davon ab?

Manchmal muss man den einen oder anderen Umweg gehen, um einen stimmigen Beruf zu finden. Und auch die verschiedenen Lebensphasen können einen dazu zwingen, einen Umweg zu machen. Tatsache ist: Wenn wir uns nie verlaufen, werden wir auch nie einen neuen Weg finden. Der Umweg kann manchmal zum neuen Weg werden; nur wenn er dauerhaft nicht rentabel oder stimmig ist, muss man nach neuen Möglichkeiten suchen. Früher wurden Kündigungen in einem Lebenslauf sehr kritisch gesehen. Heute sehen Personalbeauftragte und Headhunter darin auch etwas Positives: Es kann ja auch bedeuten, dass Sie Initiativgeist besitzen. Allerdings hat auch hier alles seine Grenzen. Wenn Sie sehr häufig und nach kurzer Zeit Ihre Stellen wechseln, weist das eher auf persönliche Unzufriedenheit und Unzulänglichkeiten hin.

Bereiten Sie daher einen Stellenwechsel gut vor. Und falls Sie später an einem nicht ganz so optimalen Platz gelandet sind, hilft Ihnen vielleicht folgende Erkenntnis von Kurt Tucholsky, auch daraus etwas zu lernen:

Umwege erweitern die Ortskenntnis.

Der Wiedereinstieg

*„Es kommt nicht drauf an, wie alt man wird,
sondern wie man alt wird."*

Werner Mitsch

Wann ist man zu alt für einen Neustart? Wie gelingt ein Wiedereinstieg in den Beruf? Worauf sollten Sie achten?

Eine 80-jährige Frau erfüllt sich ihren Lebenswunsch und eröffnet eine Apotheke. Diese und ähnliche Nachrichten liest man immer häufiger. Sie zeigen, dass man auch in späteren Jahren viele Geschäftsideen verwirklichen kann.

Auch eine berufliche Auszeit, in der man beispielsweise Kinder oder Eltern betreut, sollte die Karriere nicht beeinträchtigen. Trotzdem haben viele danach mit Problemen zu kämpfen: Der eigene Selbstwert ist durch die längere Abwesenheit gesunken; man hat das Gefühl, nicht mehr ganz „up to date" zu sein; die Kollegen haben in der Zwischenzeit die Karrierestufen erklommen und man hat das Gefühl, komplett neu anfangen zu müssen. Sie können hier vorbeugen, indem Sie sich auch während einer Auszeit nach Möglichkeit fortbilden. Mit Vorträgen, Seminaren, regelmäßiger Lektüre von Fachzeitschriften, oder auch indem Sie den Kontakt mit den bisherigen Kollegen aufrechterhalten. Vergessen Sie nicht, dass Sie auch in einer Auszeit wertvolle Erfahrungen machen, die die Qualität Ihrer Arbeit wesentlich verbessern werden. So manches Organisationstalent wurde dann erkannt und entwickelt.

**Auszeiten können wertvoll sein: Nützen Sie die Zeit –
dann sind Sie für den Neueinstieg bereit.**

Erfolg hat viele Mentoren

„Jeder hat Talente, aber es braucht jemanden, der sie entdeckt und einen dabei unterstützt, das Talent in Erfolg umzusetzen."

Markus Hengstschläger

Wer hat Sie in Ihrer Karriere unterstützt? Gezielt oder vielleicht ohne dass er das beabsichtigt hat?

Oft ist uns gar nicht bewusst, wie viel Gutes es bereits in unserem Leben gegeben hat und wie viel von unserem Karriereweg wir anderen Menschen zu verdanken haben. Nicht nur solchen, die uns immer wieder unterstützt und motiviert haben, sondern interessanterweise auch jenen, die mit ihren Zweifeln erst recht unseren Ehrgeiz geschürt haben. Nehmen Sie sich Zeit, um dankbar dafür zu sein, was Sie schon alles erreicht haben. Laut Studienergebnissen des Psychologen Robert Emmons sind dankbare Menschen um 25 Prozent glücklicher als andere. Über diese Prozentzahl lässt sich natürlich streiten. Auch die Beschreibung, was überhaupt als Glück empfunden wird, ist nicht eindeutig. Aber es ist unbestritten, dass Dankbarkeit positive Effekte hat. Überlegen Sie, wer Sie bisher unterstützt hat. Rufen Sie Ihren Mentor an, schreiben Sie früheren Kollegen eine Weihnachts-Mail oder bedanken Sie sich bei einem Kunden, der Sie dazu gebracht hat, einen völlig neuen Lösungsweg zu finden. Manchmal brauchen wir andere Menschen, die unsere Talente nicht nur entdecken, sondern uns helfen, diese auch gezielt einzusetzen, wie Ralph Waldo Emerson erkannt hat:

Was wir am nötigsten brauchen, ist ein Mensch, der uns zwingt, das zu tun, was wir können.

Wie werden und bleiben Sie selbständig?
Start up

„Was will ich? Wenn es nur um Geld, Macht und Reichtum geht, dann bitte studieren und ins große Management gehen und versuchen, damit glücklich zu werden. Wenn ich als Unternehmer/-in langfristig glücklich werden will, dann muss ich bereit sein, Glück und Freude zu teilen."
Johannes Gutmann

Sie haben schon lange den Wunsch, sich selbständig zu machen? Was hindert Sie daran? Oder wer?

Fragt man angehende Jungunternehmer, warum sie sich selbständig machen wollen, erhält man regelmäßig folgende Antworten: der Wunsch, eigene Ideen zu verwirklichen oder etwas Neues zu schaffen, das noch keiner kennt; unabhängig und frei Entscheidungen zu treffen. Sehr viele erhoffen sich aber einfach nur mehr Geld und Ansehen. Nicht alle diese Wünsche erfüllen sich. Nicht alle Unternehmer arbeiten weniger und verdienen mehr, und manche Ideen lassen sich auch gar nicht gewinnbringend realisieren. Deshalb haben wir in der Regel auch großen Respekt vor einer Unternehmensgründung. Falls bei Ihnen starke Sicherheitsbedürfnisse vorhanden sind und Sie nicht über genügend finanzielle Ressourcen verfügen, stellt ein Schritt in die Selbständigkeit eine oft unüberwindbare Herausforderung dar. Falls Sie gern Risiken eingehen, kann es umgekehrt sein, dass Sie möglicherweise zu wenig planen. Die größte Herausforderung beim Selbständigwerden ist, dass man wirklich selbständig wird. Sie schaffen sich Ihren eigenen Arbeitsplatz. Gleichzeitig liegt es auch an Ihnen, Kunden zu finden, ansonsten ist dieser Arbeitsplatz schnell verloren.
Damit es gar nicht so weit kommt, sollten Sie Folgendes beherzigen:

Fragen Sie sich vor einer Gründung, ob Sie mit Ihrer Geschäftsidee einen ganz konkreten Nutzen anbieten und ob Sie eine ausreichende Ausbildung haben, um die Wünsche zu erfüllen, die Sie mit Ihrem Angebot wecken. Haben Sie genügend Durchhaltevermögen, um auch schwierige Zeiten durchzustehen? Sind Sie bereit, für die Realisierung der Idee auch viel Leistung zu erbringen? Besonders genau sollten Sie Ihr Angebot überprüfen:

Welche Grundbedürfnisse können Sie damit befriedigen?

→ *Pride (Anerkennung, Bewunderung, Stolz, Image)*
Wie verhelfen Sie Ihrem Kunden zu Anerkennung?

→ *Pleasure (Freude, Spaß, Vergnügen, Genuss)*
Wie bereiten Sie dem Kunden Freude oder Vergnügen?

→ *Peace (Sicherheit, Balance, Entspannung, Ruhe)*
Wie bieten Sie dem Kunden Sicherheit oder Ruhe?

→ *Profit (Wohlstand, Gewinn an Geld und Zeit)*
Welche Art von Profit bieten Sie dem Kunden?

Als Unternehmer müssen Sie und Ihr Angebot auch gefunden werden. Ohne Aufmerksamkeit keine Kunden, ohne Kunden kein Geschäft. Deshalb ist wohl einer der wichtigsten Tipps der, präsent zu sein. Nicht überall – aber dort, wo auch Ihre Kunden zu finden sind. Verkaufen Sie nicht nur über ein normales Geschäft, einen Prospekt oder eine Homepage. Je nach Angebot kann es auch sinnvoll sein, auf Karriere- und Freundschaftsportalen präsent zu sein. Folgende Tipps helfen Ihnen weiter:

→ *Individualisieren Sie Ihr Angebot:*
Je mehr sich Ihr Kunde damit persönlich identifiziert, umso eher wird er es kaufen und weiterempfehlen.

➡️ *"Think bigger" – lassen Sie Großes zu:*
Erlauben Sie sich, Ihre Idee richtig interessant und außergewöhnlich darzustellen. Glauben Sie daran.

➡️ *Gestalten Sie Ihren Werbeslogan richtig:*
Verwenden Sie in Ihren Werbebotschaften immer einfache, emotionale Aussagen und Bilder.

➡️ *Bleiben Sie spannend:*
Erzählen Sie eine Geschichte über sich und Ihr Angebot. Warum sind Sie selbständig, was war der Auslöser? Was waren die Herausforderungen?

➡️ *"Don't fear fear" – keine Angst vor der Angst:*
Sorgen Sie gewissenhaft vor, aber sorgen Sie sich nicht unnötig, man kann nicht alles vorhersehen.

Machen Sie auf jeden Fall einen gründlichen Start-up-Check, bevor Sie sich ins Abenteuer stürzen. Holen Sie sich bei Bedarf externen Rat. Sie finden im Internet, bei ihrem Interessenvertreter oder auch bei Gründungsexperten wertvolle Unterstützung. Vorbeugen ist in diesem Fall besser als Nachsorgen – und in den meisten Fällen auch viel günstiger.

Ein Unternehmen zu gründen, ist gar nicht so schwer, wie man glaubt, ein Unternehmen nachhaltig erfolgreich zu führen, schon eher. Aber das ist auch ein Vorteil, denn:

**Wenn es so einfach wäre,
würde es ja jeder machen.**

Chance und Risiko

„Ich bin nicht angstfrei und das ist gut so, denn man muss
auch Respekt vor Herausforderungen haben."

Heinz Zak

Was tun Sie, wenn Sie vor einem Hindernis stehen? Sehen Sie es als
Herausforderung oder nur als Problem?

Erfolgreiche Unternehmer erzählen oft davon, dass sich ihnen
plötzlich eine herausragende Chance geboten hat. Eine besondere
Situation, die sie zunächst in eine Krise gestürzt, aber dann zu ein-
zigartigen neuen Erkenntnissen geführt hat. Erfolg ist nicht immer
oder ausschließlich eine Frage der Leistung, er hängt auch davon
ab, ob man bereit ist, eine solche Herausforderung nur als Risiko
oder auch als Chance zu sehen. Angst ist wichtig, sie hilft einem
dabei, das Risiko besser einzuschätzen und den nötigen Respekt
vor Herausforderungen zu haben, wie es Heinz Zak treffend formuliert hat. Sie sollte einen jedoch nicht lähmen. Der Psychologe
Richard Wiseman hat jahrelang erforscht, wie Menschen mit ihren
Chancen umgehen. Erfolgreich waren vor allem jene Menschen,
die behaupteten, immer wieder „Glück zu haben", weil ihnen besondere Chancen geboten wurden. Diese Chancen bieten sich aber
nur, wenn man sie auch als solche erkennt und nicht jeder Herausforderung sofort aus dem Weg geht. Das heißt, dass man auch
Zeiten der Unsicherheit aushalten muss. Die Emotionsforschung
hat hier ebenfalls eine interessante Entdeckung gemacht:

Wenn wir gut drauf sind,
funktioniert unser Chancen-Radar besser.

Rückschläge

„Ich brauche und liebe Widerstände, weil wir erst dadurch gefordert und ideenreich werden. Jede Krise und jeder Rückschlag lehrt uns mehr als jedes Lehrbuch, weil es aus der Praxis kommt. Wir haben am meisten aus Rückschlägen gelernt."

Johannes Gutmann

Glauben Sie, erfolgreiche Originale waren vom Start weg und ohne Hilfe sofort erfolgreich? Wie oft passiert das?

Thomas Alva Edison hat auf der Suche nach dem perfekten Glühfaden angeblich 1.599 Fehlschläge wegstecken müssen. Michael Jordan hat in seiner Karriere rund 9.000 Mal danebengeworfen und insgesamt rund 300 Spiele verloren. Der erfolgreiche Basketballer hat in Interviews jedoch immer betont, dass er nur deswegen so erfolgreich ist, weil er trotz Scheitern immer wieder weitergemacht hat. Sieht man sich die Biografien erfolgreicher Menschen an, stellt man fest, dass Erfolg vor allem damit zu tun hat, wie man mit Rückschlägen umgeht. Thomas Edison hat in seinem Leben insgesamt 2.500 Patente angemeldet, der Glühfaden ist nur eins davon. Er muss unfassbar viele Fehlschläge hingenommen haben. Trotzdem ist er am Ball geblieben, hat weitergemacht und unsere Welt mit vielen wertvollen Erfindungen bereichert. Sollten Sie mit Ihrem Unternehmen einen Rückschlag erlitten haben, können Sie sich ein Beispiel an diesen Persönlichkeiten nehmen und dem Rat von Thomas Edison folgen:

Der sicherste Weg zum Erfolg ist immer, es noch einmal zu versuchen.

Relaunch oder Neustart?

„Im Idealfall ist ein Rückschlag nicht existenzgefährdend. Dann kann man eine Menge lernen, wie man es eben nicht machen soll."

Sarah Wiener

Sie haben bereits ein Unternehmen, aber es läuft nicht wie geplant? Schon an Relaunch oder Neustart gedacht?

Unter Relaunch versteht man, dass Sie Ihr bestehendes Angebot neu ausrichten, ein Produkt weiterentwickeln oder Ihren Auftritt überarbeiten. Vielleicht bieten Sie einen interessanten Zusatznutzen an oder Sie versuchen, optisch mehr Aufmerksamkeit durch eine neue Verpackung oder Verkaufsform zu erreichen. Oder Sie verpassen Ihrem Angebot ein neues Image. Im Prinzip ist ein Relaunch eine Wiederbelebung des alten Angebots. Das ist manchmal sinnvoll, da auch Produkte und Dienstleistungen einem Lebenszyklus unterliegen, neue Wettbewerber dazukommen oder sich Rahmenbedingungen ändern. Ein kompletter Neustart ist dann erforderlich, wenn Sie sehen, dass ein Relaunch Ihres derzeitigen Angebots nicht sinnvoll ist. Vielleicht gibt es mittlerweile bessere Problemlösungen oder das Produkt ist ganz einfach überholt. Oder Sie merken, dass Sie sich selbst nicht mehr mit Ihrem Angebot identifizieren können und es deshalb auch nicht mehr gerne und überzeugend verkaufen können. Sie zermartern sich schon ewig den Kopf, ob und wie Sie einen Relaunch oder einen Neustart angehen könnten?

Probieren Sie vielleicht ein paar kreative Techniken, um zu neuen Lösungen zu kommen. Zum Beispiel:

→ *Bringen Sie sich in einen kreativen Zustand:*
Gehen Sie zu Freunden, hören Sie Musik, machen Sie Urlaub. Alles, was Sie davon abbringt, wie „üblich" über das Problem nachzudenken, hilft Ihnen weiter.

→ *„Think-out-of-the-Box" – über den Tellerrand sehen:*
Analysieren Sie Unternehmen aus ganz anderen Branchen und überlegen Sie, welche Erkenntnisse Sie daraus für Ihr Unternehmen adaptieren könnten.

→ *Brainstorming – alles, was Ihnen einfällt, zulassen:*
Beschreiben Sie das Problem in kurzen Stichworten und sammeln Sie alle Lösungsvorschläge, die Ihnen dazu einfallen, ohne Sie kritisch zu hinterfragen. Schlafen Sie eine Nacht drüber und überlegen Sie am nächsten Tag, was davon sinnvoll und realisierbar ist.

→ *Kopfstand-Brainstorming – das Gegenteil prüfen:*
Betrachten Sie Ihr Problem aus einem anderen Blickwinkel. Fragen Sie, was passieren muss, damit das Gegenteil eintrifft. Etwa: Was kann ich tun, damit ein Produkt sicher nicht mehr gekauft wird? Diese Methode lässt sich gut mit Kindern spielen und bringt überraschend klar die echten Probleme zum Vorschein.

Wenn Sie keine gute Lösung für einen Neustart oder Relaunch finden, ist ein „Ende mit Schrecken" manchmal zielführender als ein „Schrecken ohne Ende". Eine Marketingregel besagt: „Besser Erster als besser". Nehmen Sie in diesem Fall das alte Angebot aus Ihrem Sortiment, anstatt es zu verbessern, und überlegen Sie, welchen neuen Nutzen Sie stattdessen als Erster bieten können.

Jeder Schluss ist der Anfang von etwas Neuem.

Worauf warten Sie?
Wege entstehen durchs Gehen

„Ich habe erkannt, dass wir alle mit Wasser kochen."
Johannes Gutmann

Warten Sie immer noch auf den perfekten Gründungszeitpunkt? Den perfekten Mentor? Die perfekte Ausbildung?

Kennen Sie die Redensart, dass man „die Gelegenheit beim Schopf" packen sollte? Sie wird auf eine Darstellung des griechischen Gottes Kairos zurückgeführt. In der Psychologie bezeichnet man die Angst, Entscheidungen zu fällen, deshalb als Kairophobie. Doch es muss nicht immer krankhaft sein, wenn man sich nicht zutraut, ins kalte Wasser zu springen. Manche Lebensentscheidungen brauchen ihre Zeit. Schwierig wird es nur, wenn Sie jahrelang nicht den Mut aufbringen, eine Situation zu ändern, die Sie wirklich stört. Wenn Sie aufgrund Ihrer familiären, finanziellen oder sonstigen Rahmenbedingungen keinen radikalen Neustart machen können, probieren Sie es mit kleinen Schritten. Auch diese führen früher oder später ans Ziel. Viele große Unternehmer haben ihre Unternehmen nebenberuflich in der Garage gestartet. Viele exzellente Führungskräfte haben nebenbei wichtige Ausbildungen nachgeholt und so ihre Karriere pushen können.

Warten Sie nicht auf die noch bessere Gelegenheit. Machen Sie stattdessen erste, kleine Schritte; der Rest folgt von allein.

Carpe diem.
Nutze den Tag.

Erdulder, Vermeider oder Gestalter?

„Alle Wissenschaftler versuchen, an der Pyramide menschlichen Wissens weiterzubauen. Ich hoffe, dass ich einen kleinen Stein dazutun konnte."

Stephen Hawking

Warum erdulden manche Menschen widrigste Umstände? Was bewegt Vermeider? Und was motiviert Gestalter?

Stephen Hawking ist heute ein weltbekannter Physiker, doch der Weg dorthin war nicht einfach. Mit Anfang 20 wurde bei ihm eine schwere Krankheit diagnostiziert. Ihm wurde mitgeteilt, dass er in drei Jahren keinen Muskel mehr bewegen können und weitere drei Jahre später tot sein werde. Er hat seine Diagnose bereits um 40 Jahre überlebt und in dieser Zeit bekannte Theorien über das „Schwarze Loch" und populäre Bücher über die Entstehung des Universums veröffentlicht. Sein Beispiel zeigt: Menschen können sich dafür entscheiden, unangenehme Situationen zu erdulden und still zu leiden. Sie können auch ihr Leben damit verbringen, Herausforderungen aus dem Weg zu gehen, um allfällige Rückschläge zu vermeiden. Dann sind sie unbestimmt, zögern viel und geben schnell auf. Leider nehmen sie sich damit aber auch die Chance, etwas Besonderes, Schöneres oder Besseres zu erreichen.

Gestalter hingegen sind handlungsorientiert, glauben an ihren Erfolg, und das Wichtigste: Sie handeln.

Gehören Sie zu den Erduldern oder Vermeidern?
Nehmen Sie Ihr Leben selbst in die Hand.

Mut statt Wut

„Damit das Mögliche entsteht, muss immer wieder
das Unmögliche versucht werden.“

Hermann Hesse

Was hindert Sie daran, Ihre Ziele anzugehen? Was hält Sie davor
zurück, den ersten Schritt zu machen?

Viele Menschen machen ihr Leben lang andere dafür verantwort-
lich, dass etwas in ihrem Leben falsch läuft: die falschen Eltern,
die falsche Umgebung, der falsche Arbeitgeber. Sie werden immer Rahmenbedingungen oder Menschen finden, die nicht optimal passen. Andere wiederum haben wie Stephen Hawking sehr
schwierige Bedingungen, lassen sich aber trotzdem nicht unterkrie-
gen. Die Resilienzforschung, die sich mit diesem Phänomen be-
schäftigt, hat gezeigt, dass diese Menschen es schaffen, das Beste
aus allen Rahmenbedingungen zu machen. Wut ist eine manchmal
wirksame Reaktion darauf, dass andere Sie abwerten oder Ihre
Ziele gefährden. Lenken Sie die Energien daraus jedoch auf etwas
Konstruktives um: den Mut, jene Dinge zu ändern, die Sie ändern
können, und die Gelassenheit, hinzunehmen, was Sie nicht ändern
können. Es ist Ihr Leben, Ihre Zukunft. Sie müssen sich vielleicht
mehr zutrauen als sonst; Dinge tun, die Sie noch nie getan haben;
ein Gebiet erobern, ohne zu wissen, was da auf Sie zukommt. Aber
Sie werden sehen: Es lohnt sich.

Nur wer die Verantwortung für sich übernimmt,
kann auch Dinge erreichen, die unerreichbar scheinen.

Noch nicht genug?

*„Das Einzige, was man von einem Menschen wissen soll,
ist, ob er unsere Gedanken fruchtbar macht."*

Robert Musil

Sind Sie der Meinung, das kann noch nicht alles gewesen sein? Sie
haben vollkommen recht!

Dieses Buch wurde ganz bewusst sehr kurz und kompakt gehalten,
um Ihnen erste Anregungen zu liefern, wie Sie mehr aus Ihren Stärken herausholen und Ihrem Leben eine neue Richtung geben können. Sie haben nun erkannt, dass Ihre Stärken ein Ergebnis Ihrer
Persönlichkeit und Ihrer Talente sind. Sie wissen, wie stark Werte,
Einstellungen und Emotionen Ihre Stärken beeinflussen. Und Sie
haben festgestellt, dass man eine klare Vision von der eigenen Zukunft haben sollte, um seinem Glück die richtige Orientierung zu
geben. Manche Leserinnen und Leser werden sich jetzt mehr auf
ihre Stärken besinnen und mit Mut und Selbstvertrauen neue Ziele
angehen. Andere werden nach der Lektüre dieses Buches Lust bekommen haben, noch mehr über die eigenen Stärken und Chancen
zu erfahren. Auf den letzten Seiten dieses Buches finden Sie einige
Literaturempfehlungen, die Ihnen in diesem Fall weiterhelfen können. Sollten Sie noch unschlüssig sein, ob Sie noch mehr Zeit für
Ihre Karriereplanung investieren sollten, hilft das folgende Sprichwort aus China:

**Achte auf deine Gedanken.
Sie sind der Anfang deiner Taten.**

Die ersten Schritte

„Weil Denken die schwerste Arbeit ist, die es gibt,
beschäftigen sich auch nur wenige damit."

Henry Ford I.

Sind Sie bereit, sich Gedanken über Ihre Zukunft zu machen und
damit Ihrem Glück etwas Orientierung zu geben?

1. Beschreiben Sie einen idealen Tag in Ihrer Zukunft. Leiten
   Sie daraus konkrete Ziele und Aufgaben ab.

2. Füllen Sie den Verhaltenstest in diesem Buch aus und erkennen Sie, wie Sie auf andere wirken.

3. Definieren Sie Ihre wichtigsten Werte und jene, die Sie zukünftig nicht mehr so stark beeinflussen sollen.

4. Beschreiben Sie, welche Grundmotive Ihr Verhalten steuern und wie Sie diese befriedigen können.

5. Erkennen Sie Ihre besonderen Talente und heben Sie jene
   hervor, die Sie auch gerne im Beruf anwenden.

6. Beschreiben Sie, welche Kernkompetenzen sich daraus er-
   geben. Formulieren Sie diese kurz und knapp.

7. Legen Sie fest, wofür Sie als Marke stehen wollen und wie
   man Sie zukünftig klar erkennen kann.

Auch der längste Weg
beginnt mit einem ersten Schritt.

Kontaktadressen

Weitere Informationen zu den angesprochenen Originalen in diesem Buch finden Sie unter folgenden Kontaktadressen:

Johannes Gutmann
  Sonnentor-Gründer und Unternehmer
  www.sonnentor.com

Dr. Hans-Georg Häusel
  Neuromarketing-Experte und Bestseller-Autor
  www.haeusel.com

Mag. Aleksandra Izdebska
  DiTech-Gründerin und Unternehmerin
  www.ditech.at

Sarah Wiener
  TV-Starköchin und Unternehmerin
  www.sarahwiener.de

Heinz Zak
  Extremkletterer, Fotograf und Bergführer
  www.heinzzak.com

Zur Autorin

„Die Idee ist da. In dir eingeschlossen.
Du musst nur den überflüssigen Stein entfernen."
                                        Brigitte Stampfer

Mag. Brigitte Stampfer startete ihre Karriere mit einer kaufmän-
nischen Lehre, holte nebenberuflich die Studienreife nach und
absolvierte ein Betriebswirtschaftsstudium in Innsbruck. Ein Teil-
studium im Bereich Psychologie und Zertifizierungen als Persön-
lichkeits- und Motivationstrainerin in der Schweiz, in Deutsch-
land und in Österreich ergänzen ihre Ausbildung. Sie war Junior
Consultant in einer Unternehmensberatung und Werbeagentur
und leitete die größte Unternehmensgründeragentur Tirols. Als
Start-up- und Self-Branding-Expertin unterstützt sie seit 15 Jahren Unternehmer, Führungskräfte und Berufseinsteiger auf ihrem
Weg zum Erfolg. Als Vizepräsidentin der Wirtschaftskammer Tirol vertritt sie die Interessen aller Tiroler Ein-Personen-Unterneh-
men. Sie ist Mitglied des Wirtschaftsparlamentes und der Kont-
rollversammlung der Sozialversicherungsanstalt der gewerblichen
Wirtschaft sowie Beirätin im Wirtschaftsförderungsinstitut der
Wirtschaftskammer Tirol. In verschiedenen Vereinen wie dem
Kuratorium Sicheres Österreich-Tirol oder der Kinderkrebshilfe
Tirol-Vorarlberg engagiert sie sich für die Verbesserung der gesell-
schaftlichen Rahmenbedingungen.

Weitere Informationen über ihre Vortrags-, Seminar- und Bera-
tungstätigkeit finden Sie auf www.original-ich.com.

Literaturempfehlungen

Birkenbihl, Vera F. (2010): Stroh im Kopf? Vom Gehirn-Besitzer zum Gehirn-Benutzer. München: mvg

Fey, Gudrun (2002): Kontakte knüpfen und beruflich nutzen. Erfolgreiches Netzwerken. Regensburg: Fit for Business

Gansterer, Helmut A. (2010): Endlich alle Erfolgsgeheimnisse. Salzburg: Ecowin

Gay, Friedbert (2009): Das persolog® Persönlichkeits-Profil. Persönliche Stärke ist kein Zufall. Remchingen: GABAL

Geffroy, Edgar (2012): Business Überflieger im Internet. So werden Sie zum Star im Netz und bauen Ihr eigenes Online-Business. Düsseldorf: Geffroy

Goleman, Daniel (1997): Emotionale Intelligenz. München: Deutscher Taschenbuch Verlag

Goleman, Daniel; Kaufman, Paul; Ray Michael (1999): Kreativität entdecken. München: Deutscher Taschenbuch Verlag

Häusel, Hans-Georg (2007): Neuromarketing. Erkenntnisse aus der Hirnforschung. Planegg/München: Rudolf Haufe Verlag

Häusel, Hans-Georg (2008): Brain View. Warum Kunden kaufen. Planegg/München: Rudolf Haufe Verlag

Häusel, Hans-Georg (2010): Emotional Boosting. Die hohe Kunst der Kaufverführung. Freiburg: Haufe-Lexware

Häusel, Hans-Georg (2010): Think Limbic. Die Macht des Unbewussten verstehen. Freiburg: Haufe-Lexware

Hengstschläger, Markus (2006): Die Macht der Gene. Salzburg: Ecowin

Hengstschläger, Markus (2008): Endlich unendlich. Salzburg: Ecowin

Hengstschläger, Markus (2012): Die Durchschnittsfalle. Gene – Talente – Chancen. Salzburg: Ecowin

Hüter, Gerald (2011): Was wir sind und was wir sein könnten. Frankfurt: Fischer

Isaacson, Walter (2011): Steve Jobs. Die autorisierte Biografie des Apple-Gründers. München: Random House

Jung, Mathias (2009): Der Weg zum Ich. Lahnstein: emu Verlags- und Vertriebs GmbH

Koch, Klaus-Dieter (2010): Was Marken unwiderstehlich macht. 101 Wege zur Begehrlichkeit. Zürich: Orell Füssli

Martens, Jens-Uwe und Kuhl, Julius (2009): Die Kunst der Selbstmotivierung. Stuttgart: Kohlhammer

Panhölzl, Günther (2001): Die sieben emotionalen Energiequellen des Erfolges. Salzburg: Verlag Merkinger

Precht, Richard David (2007): Wer bin ich – und wenn ja, wie viele? Eine philosophische Reise. München: Random House

Reinhard, Rebekka (2009): Die Sinn-Diät. Warum wir schon alles haben, was wir brauchen. München: Random House

Salcher, Andreas (2011): Der verletzte Mensch. München: Wilhelm Goldmann Verlag

Schmitz, Margot und Schmitz, Michael (2009): Emotions-Management. Anleitung zum Glücklichsein. München: Piper

Seidl, Conrad und Beutelmeyer, Werner (1999): Die Marke Ich. So entwickeln Sie Ihre persönliche Erfolgsstrategie. Wien: Ueberreuter

Seiwert, Lothar J. (2001): Life-Leadership. Sinnvolles Selbstmanagement für ein Leben in Balance. Frankfurt: Campus

Simon, Walter (2010): Gabals großer Methodenkoffer Persönlichkeitsentwicklung. Offenbach: GABAL

Spitzer, Manfred und Wulf, Bertram (2010): Hirnforschung für Neu(ro)gierige. Braintertainment 2.0. Stuttgart: Schattauer

Wiener, Sarah: Eine Auswahl ihrer exquisiten Kochbücher finden Sie auf der Homepage www.sarahwiener.de

Wüst, Petra (2009): Gezielt einmalig. 22 Tipps für eine überzeugende Selbst-PR. Zürich: Orell Füssli

Wüst, Petra (2010): Profil macht Karriere. Mit Self Branding zum beruflichen Erfolg. Zürich: Orell Füssli

Zak, Heinz: Eine Auswahl seiner exzellenten Bergbücher finden Sie auf der Homepage www.heinzzak.com